명인 명시 30인의 삶이 담긴 150여 편의 다양한 작품을 "詩 함축적 의미 목소리에 담다"로 박영애 시낭송 14집 모음집을 엮으면서

우리의 옛 선조들은 시를 짓고 시를 낭송하면서 자신의 지식을 연마하고 지인들과의 소통을 통해 세상과 소통했다. 고대 그리스 시대에는 시인들이 직접 공공장소에서 자신의 서사시와 서정시를 낭송하며 사람들과 소통했다. 우리나라 외국도 마찬가지지만 문맹률이 높아 글을 아는 사대부나 양반 등의 음유시인들이 시를 낭송하며 이야기를 전달하는 역할을 했다.

이제 우리는 컴퓨터, 휴대전화를 매개로 하여 영상, 음성, 문자 같은 다양한 정보 매체를 복합적으로 만들어 소통하는 멀티미디어 세상을 살고 있다. 눈으로만 보는 시의 감동과 목독으로 조용히 읽으면서 감상하는 시의 느낌과 단순히 시를 읽는 것을 넘어, 목소리의 강약, 높낮이, 호흡 조절 등을 통해 가면서 영상과 배경음악까지 활용하는 종합적인 예술 작품으로 감상한다면, 시인이 표현하고자 하는 서정적인 느낌까지도 감상할 수 있다. 이번에 "詩 함축적 의미 목소리에 담다" 시낭송 모음집에 특별 선정한 시인 작품을 독자가 더 깊이 감상할 수 있도록 영상과 배경 음악으로 함께 책으로 엮었다.

다양한 삶의 이야기를 시로 승화시킨 소중한 작품을 "詩 함축적 의미 목소리에 담다" 시낭송 모음 시집에 아낌없는 사랑으로 참여해 주신 강개준 시인, 강사랑 시인, 김락호 시인, 김보승 시인, 김이진 시인, 김인숙 시인, 김정섭 시인, 김종태 시인,

김혜정 시인, 김희영 시인, 박익환 시인, 박희홍 시인, 백승운 시인, 서석노 시인, 송태봉 시인, 염경희 시인, 윤만주 시인, 이정원 시인, 이환규 시인, 전경자 시인, 전남혁 시인, 정기성 시인, 정병윤 시인, 정상화 시인, 정승용 시인, 정연석 시인, 정찬경 시인, 주야옥 시인, 최윤서 시인 29분께 진심으로 감사하다. 한 편 한 편의 시가 담고 있는 의미가 잘 전달될 수 있도록 정성으로 함께했다. 작품마다 자기만의 색깔로 더욱 빛이 나고 독자의 가슴에 감동의 울림으로 스밀 수 있기를 바라는 마음으로 150여 편의 작품을 시낭송으로 함께했다. 부족한 부분도 있겠지만, 그것마저도 '詩'의 향기로 스며들어 이 가을이 더욱 행복하고 풍요로워지길 소망한다.

"詩 함축적 의미 목소리에 담다" 시낭송 모음 시집이 나오기까지 사랑과 관심으로 응원해 준 29인의 시인과 시낭송을 듣고 댓글로 함께해 준 문우님과 많은 독자에게 감사의 마음을 전한다. 그리고 한결같은 신뢰로 늘 격려해 주고 도움을 주는 출판사 관계자분들과 사랑하는 가족이 있어 시낭송 모음집을 출간할 수 있었다. 참 고맙고 감사하다.
"詩 함축적 의미 목소리에 담다"에 담긴 150여 편의 작품이 이 가을 그 어떤 것보다 아름답게 물들이길 바라면서, 누군가에게 따뜻하고 위로가 되며, 편안함을 주는 가을날의 선물이었으면 한다.

엮은이 박영애

박영애 시인, 시낭송가

대한문학세계 시 부문 등단
현) (사)창작문학예술인협의회 부이사장
현) 대한시낭송가협회 명예회장
현) 대한창작문예대학 지도 교수
현) 시낭송교육 지도 교수
현) 대한문학세계 심사위원
현) 대한문화예술방송 아트티비
　　　　　'명인명시를 찾아서' MC
현) 조세금융신문 '詩가 있는 아침'
　　　　　시 소개와 시낭송 연재

〈수상〉
2010년 오장환 문학제
　　　전국 시낭송대회 대상 및 그 외 다수
2012년 대한문인협회 한국문화예술인상
2014년 대한문인협회 한국문화예술인 대상
2015년 한국문학 올해의 시인상
2016년 대한문인협회 한국문학 예술인 금상
2017년 한국문학 예술인 대상
2018년 베스트셀러 1위 선정
2019년 한국문학 문학대상
2022년 한국문학 최우수 작품상

〈시낭송 개인 작품집〉
- 임세훈 시집 '겨울 속의 다른 나'
　　　　　　　　　/ 시낭송 CD 1집
- 이서연 시낭송 CD '시 자연을 읊다'
　　　　　　　　　/ 시낭송 CD 2집
- '시 소리로 삶을 치유하다' / 시낭송 CD 3집
- 장영길 사진과 시 '내 안의 그대 때문에
　　　난 매일 길을 잃는다' /시낭송 CD 4집
- 황유성 시집 '유성의 노래' /시낭송 CD 5집
- '시 소리로 삶을 치유하다'
　　　　　　　　　/ 시낭송 CD 6~7집
- '시 마음으로 읽다' / 시낭송 CD 8집
- '명시 언어로 남다'/ 시낭송 모음 9집
- 시 염규식 '사랑은 시를 만들고'
　　　　　　　　　/ 시낭송 CD 10집
- '명시 가슴에 스미다'/ 시낭송 모음 11집
- '시 한 모금의 행복'/ 시낭송 모음 12집
- '기억으로 남는 시'/ 시낭송 모음 13집

〈공저〉
시 마음으로 읽다 엮음
명시 언어로 남다 엮음
명시 가슴에 스미다 엮음
시 한 모금의 행복 엮음
기억으로 남는 시 엮음
낭송하는 시인들 엮음
2015-2025 명인명시 특선시인선 선정
대한문인협회 대전충청지회 동인지
"삶이 담긴 뜨락", "충청의 향기 비단강처럼"
대한창작문예대학 졸업 작품집
　　　　　　　　　"우리들의 여백"
유화에 시의 영혼을 담다
2020 유화로 보는 명인명시선
2021 현대시와 인물 사전

QR코드 스마트폰으로 QR 코드를 스캔하면
시낭송을 감상할 수 있습니다.

본문
시낭송
감상하기

강개춘 시인편

강사랑 시인편

김락호 시인편

김보승 시인편

김이진 시인편

김인숙 시인편

김정섭 시인편

김종태 시인편

김혜정 시인편

김희영 시인편

박영애 시인편

박익환 시인편

박희홍 시인편

백승운 시인편

서석노 시인편

송태봉 시인편

- 목차 -

시인 강개준　　12
바람이 지나간 자리
강가에서
기억
머물다 간 오후의 체온
말이 없는 계절

시인 강사랑　　18
아프지 말아요
좋은 생각이야
보물 1호
산수연
엄마 우리 엄마

시인 김락호　　24
멍든 하늘에 던진 혼돈
그냥 그렇게 살았어
널 사랑하는 건 아픔이야
가을 랩소디
안녕이라는 노래는 끝났습니다

시인 김보승　　30
고무신을 신은 지게
아내의 새벽길
미련
숨비소리
선산의 양지 녘에 할미꽃 핀다

시인 김이진　　36
널 그리다
바람의 숨결
비와 찻잔 사이
어느 날 문득
비가 내리는 날에는

시인 김인숙　　42
오월의 모란
그리운 둑방길
술 취한 지구
위내시경
세탁기

시인 김정섭　　48
기억의 조각들(치매)
들꽃의 숨결
그대 슬픔의 꽃
침묵 끝의 햇살
그리움의 편지

시인 김종태　　54
바람 머문 자리
냉잇국 한 그릇
바람 한 줄기처럼
조용히 피어나는 일
마음이 먼저 가는 길

시인 김혜정　60
인연
꽃잎편지
소풍가는 여자
가을 창가에서
비 오는 날의 연가

시인 김희영　66
화선지에 담은 혼
햇살 머문 겨울 창가에서
나무리에는 강이 흐른다
자화상
동행(부부)

시인 박영애　72
첫눈 내리던 날
사랑인가 봐요
감기
중년의 사랑
쇠똥구리의 희망

시인 박익환　78
무주택자
세월의 편지
첫사랑 고백
외로운 술래
사랑은 운명입니다

시인 박희홍　84
쓸데없는 걱정
구멍 난 양말
파도 같은 세파
마음 다짐
초록의 힘

시인 백승운　90
당신의 손
문틈으로
만남을 기다리며
민들레 홀씨 되어
5월 하늘가에

시인 서석노　96
꽃 씨앗
여름의 유혹
우리 집 부엌
시름
무인도

시인 송태봉　102
저는 꿀벌입니다
님 그림자
남편의 착각
시간의 다정함이란
꽃순이 팔순이라네

- 목차 -

시인 염경희　108
너를 사랑하는 이유
당신과 함께라면
파트너
툭 툭 털어 버려
행복 찾아 나선 길

시인 윤만주　114
슬픈 날의 연가
마음의 호주머니
뒤란의 봄
더 붉은 엽서
그리움아

시인 이정원　120
봄꽃 신부
영산홍의 계절
라벤더꽃
장미꽃 열정
제주도의 밤

시인 이환규　126
제천에 가면
오월의 약속
어머니의 밥
요양원 면회
연리지 부부

시인 전경자　132
승리의 깃발
소박한 봄비
소등해버린 밤
동행
바람

시인 전남혁　138
교실 아이들
고별
유년의 유월
급똥
맨손 조각가

시인 정기성　144
흐르지 않는 강
그루터기
바람개비 사랑
상사화
돌아갈 수 없는 사랑

시인 정병윤　150
된장이 익어가는 시간처럼
돌탑
실타래를 푸는 밤
매듭의 자리
잠꼬대

시인 정상화 156
겨울나무
길거리 기도
머물지 않는 향기
순간의 추억
모정

시인 정승용 162
겨울 해바라기
헤어지는 중입니다
아픈 손가락
궁상
민초

시인 정연석 168
세월의 강을 건너며
서글픈 중년의 회고
세월아 혼자 가거라
송지호 해변에서
호국영령이 지켜본다

시인 정찬경 174
청보리밭
이 별
대나무
뻐꾸기
코뚜레

시인 주야옥 180
고 점 하나가
엄마는 별빛 타고 오시나요
노래를 굴리는 아이들
공부해요. 사랑하듯
너의 이름 하나로

시인 최윤서 186
우주의 반란
천사가 사는 곳
남의 편
환희찬 곳으로
어른 같은 아이

시인 강개준

목차

1. 바람이 지나간 자리
2. 강가에서
3. 기억
4. 머물다 간 오후의 체온
5. 말이 없는 계절

DA.GROUP 근무 역임 / 시문학 독학
기형도문학관 시 창작반 수료
시시각각 시 동아리 대표
대한문학세계 시 부문 등단
대한문인협회 정회원
(사)창작문학예술인협의회 회원
HSTRC건설 대표 역임
현) 대한예수교장로회 광은교회 장로
현) 지적발달장애인협회 광명시지부 근무

(수상)
대한문학세계 시문학 부문 신인상(대한문인협회)
2024년 한국문학 올해의 시인상(대한문인협회)
2025년 향토문학 작품 경연대회 대상
　　　　　 (대한문인협회 서울지회)
2025년 제15회 신춘문예 특별작품상(샘문학)
2025년 우리말 시 짓기 전국 공모전 동상

공저 <2025 명인명시 특선시인선>

바람이 지나간 자리 / 강개준

그가 지나간다
이름 없이
목소리 없이

풀잎은 그를 먼저 알아보고
고개를 젖힌다
꽃잎은 입술을 다문 채
미세하게 떨린다

그는 손이 없다
하지만 만진다
잊고 있던 계절을 깨우고
나무의 숨을 더듬는다

한때 누군가에게 불렸던 이름을
그는 기억한다
잊힌 것들의 얼굴을
그는 부른다

그의 언어는
움직임뿐이다
그는 아무 말도 하지 않지만
모든 것을 다 말한다

사랑이란
몸을 가진 말보다
몸을 지나간 말들

그가 다녀간 자리엔
초록이 젖고
꽃은 조금 더
붉어진다

강가에서 / 강개준

들꽃이 피는 강가엔
그대 사박거린 발자국 소리
햇살은 비늘처럼 물 위에 빛나고
바람의 숨결은 여전히 부드럽다

나는 그 자리에 멈춰
강물을 건너오는 기억을 찾는다
풀숲에 숨어버린
가련한 그대 목소리
들꽃이 몰래 건네주길 바란다

한 송이, 또 한 송이
피어나는 것들은 모두
너를 닮았다
예쁜 얼굴에 해맑은 웃음
반짝이는 물결 위에 여울진다

강물은 흐르고 밀려가지만
기다림은 언제나
그 자리에 자란다
그리움이란다
들꽃 같은 그리움 둥둥 떠내려간다

기억 / 강개준

사랑은
먼지 쌓인 창틀에 내려앉은
햇살 같은 것이었다
손대면 흩어질까
나는 숨조차 조심스러웠다

너는
목련화 피기 전 바람처럼
말없이 다가와
내 마음속 겨울을 부드럽게 흔들었다

침묵보다는 말을 주고받았고
시간은 우릴 데리고
아무런 표지판도 없는
빌딩 숲길을 걸었다

이따금씩
돌아보며 네가 웃을 때
내 가슴은
낙엽 위에 내려앉은 새처럼
조용히 떨렸다

꽃비가 바람 따라 내리던 그날
나는
지금도 그날을 기억한다
거기엔
아직도 너란 봄이 살고 있다.

머물다 간 오후의 체온 / 강개준

아카시아 향은 말이 없다
그러나 나는 안다
그것은 내 기억의 언어로 쓴
가장 오래된 시 한 편

그 향기 속에 네가 있다
말하지 않고도 전해지는 이름
피지 않은 꽃망울처럼
영영 열리지 못한 대화들

나는 향기를 들이마신다
그건 단지 공기의 흔적이 아니라
네가 걷던 시간
머물다 간 오후의 체온을

꽃은 피어났고
너는 사라졌지만
사라짐은 사라지는 것이 아니라
다른 방식의 존재였다

아카시아는 너를 닮았다
멀리서 먼저 도착해
내 마음을 흔들고
결국 어디에도 머물지 않는 방식으로

그리움은 향기가 되었다
이제 나는 향기로 네 얼굴을 떠올리고
꽃잎 하나 떨어질 때마다
네가 한 번 돌아보는 것 같다.

말이 없는 계절 / 강개준

바람은 늘 그 자리에 머뭇거린다
꽃잎 한 장 건네는 일도
어쩐지 큰 용기를 요구하듯

너와 나는
두 송이 해바라기처럼
서로 바라보되
해를 핑계 삼아 고개 들지 못한다

말은 얼음처럼 입술에 맺혀
녹지 못한 채 시간만 흘리고
손끝이 스친 순간조차
우연이라 둘러대며 도망치는 마음들

너의 눈빛은
매일 나에게 시를 쓰지만
나는 그 구절을 한 글자도
소리 내지 못한다

우리는 바보다
심장은 북을 치는데
입은 종이 인형처럼 침묵하니

만약 계절이 말을 한다면
봄꽃도 부끄러워질 붉은 진실
대신 전해주었을까?

오늘도
햇살은 눈부신 척
바람은 바쁜 척
우리의 마음은
아무 일 없던 듯 하루를 접는다.

시인 강사랑

목차
1. 아프지 말아요
2. 좋은 생각이야
3. 보물 1호
4. 산수연
5. 엄마 우리 엄마

대한문학세계 시 부문 등단
대한문인협회 수필 부문 등단
(사)창작문학예술인협의회 회원
대한문인협회 경기지회 정회원

한 줄 '詩' 짓기 전국 공모전 대상
2018년 향토문학 글짓기 경영대회 대상
대한문인협회 경인지회 동인문집 "햇살 드는 창"
2016년 개인저서 "겨울등대" 출간
48인 명인명시 특선시인선 선정
2019년 제2시집 "꽃이 오는 길에 봄이 핀다." 출간
2023년 "겨울등대" 2쇄
2025년 제3집 "겨울 아이가 온다" 출간

제3시집 <겨울 아이가 온다>

아프지 말아요 / 강사랑

통증이 머리를 콕 콕 찌르고
울렁증이 파도를 타는 듯하네요

365일 아프지 않은 사람 있을까?
죽음의 문턱에서 뱉은 한숨
지친 나를 안아주는 당신 손길이 고마워요

통증은 나의 깊은 잠을 깨우고
생각 속에 잠든 울렁증이 날 괴롭혀
무거운 생각을 비워내면
비로소 나 자신을 찾은 듯
다시 맑아지는 생각의 샘터로 가네요

커피의 유혹에 빠지지 않고
부질없는 생각 탑을 쌓지 말고
늘 가볍고 맑은 자연을 닮기로 해요

건강한 하루가 되길 기도하며
내 사랑 아프지 말아요

좋은 생각이야 / 강사랑

반짝이는 전구를 보며
세 살짜리 아이는
"좋은 생각이야"라고 말을 합니다

좋은 생각이야
함께 빛을 나누자

인디언들의 이름처럼
행동에 따라 이름이 되듯
아이는 순수합니다
보이는 대로 아는 대로
말하고 행동하는 것이
문명에 물들지 않은 인디언 원주민처럼
세속에 때묻지 않은 순수 우유 같은
아이처럼 반짝이는 전구는
"좋은 생각이야" 입니다

우리는 전등에 불을 켜야 밤이 밝아져
어둠이 사라지고 세상을 노래합니다

어린아이처럼 욕심 없이 순수하게
나눔이 좋게 표현에 막힘없이
좋은 생각 속에 하루를 동행하며
우리 마음 투명해져야겠습니다

보물 1호 / 강사랑

"생물이라서
사랑하는 것이다"

그 아이의 보물은 살아 있는 거
하얀 털의 흰둥이
안고 있으면 콩닥콩닥 뛰는 심장에 따뜻함을 느끼고
사료를 먹는 모습에 까르르 웃음 짓고
황금보다 더 좋은 건강한 응가에 기쁨이 된다

아이들은 어른 흉내를 내면서 자란다
인형을 갖고 미리 엄마가 되어
아기도 키우고 부엌일도 해보는
소꿉놀이로 어른 연습을 한다

살아있는 것에 관심을 가지면
가르쳐 주지 않은 사랑을 알게 된다

탄생 그 존재도 기쁨인데
무지한 순수를 길들이다 보면
소꿉놀이에 진심이 담겨 있다

아이는 오늘도
숨 쉬는 인형 보물 1호와 함께 사랑을 한다

산수연 / 강사랑

꽃봉오리 나이 스무 살부터
육십 년 시집살이 돌이켜봅니다
시부모님 공경하고 자식 넷 돌보는 일로
차곡차곡 쌓아 둔 추억의 빛바랜 책장을 돌이켜 보며
붓을 잡고 하루를 그립니다

밭두렁 논두렁 길벗 삼아
세월 따라 여기까지 흘러온 인생
어느덧 팔십의 생일 파티가
자식들 웃음으로 가득 채웁니다

시월 들판이 풍년인 멋진 날에
산수연 파티도 아낌 없이 넉넉합니다

숨 쉬는 지금 이 순간이
꽃 피는 젤 아름다운 순간
사계절 웃음꽃 만개하시길 소원하며
건강과 행복 가득 담아
사랑합니다 우리 어머니
지금도 청춘입니다

엄마 우리 엄마 / 강사랑

가을밤 풀벌레 우는 밤에
우리 엄마 생각납니다

가득 찬 가을 들판
한쪽 한쪽 쪼개고
한 올 한 올 엮어서
세월에게 아름다운 청춘 주니
지금 이 자리네요

한 많은 세월이 남겨 준
생사 넘는 고갯길
한 컷 한 컷 엮어서
손자 손녀들에게
옛날이야기로 밤 깊어집니다

엄마 품 떠난 자식들 마음에
웃음 덩어리 뭉쳐 주려고
잠 못 이룬 엄마의 하얀 밤
기도 소리 들려옵니다

가을밤 낙엽 지는 밤
쓸쓸한 바람 소리에
우리 엄마 생각납니다

시인 김락호

목차
1. 멍든 하늘에 던진 혼돈
2. 그냥 그렇게 살았어
3. 널 사랑하는 건 아픔이야
4. 가을 랩소디
5. 안녕이라는 노래는
　　　　　　　끝났습니다

(현) (사)창작문학예술인협의회 이사장
(현) 대한문인협회 회장
(현) 도서출판 시음사 대표
(현) 대한문학세계 종합문화 예술잡지 발행인
(현) 명인명시를 찾아서 CCA TV 대표
(현) 대한창작문예대학 교수
저 : 시집 〈눈먼 벽화〉외 10권
소설 〈나는 야누스다〉
편저 : 〈인터넷에 꽃 피운 사랑시〉외 300여권
명인명시 특선시인선 매년 저자로 발행
시극 〈내게 당신은 행복입니다〉 원작 및 총감독
〈CMB 대전방송 케이블TV 26회 방송〉

시집 〈시애몽〉

멍든 하늘에 던진 혼돈 / 김락호

바람이 매섭다
하지만 잔설은 그저
귀신이 춤을 추듯 그렇게
리듬에 흥겹다

걸망을 짊어지고
무심한 듯 무덤덤하게 선
한 그루 붉은 소나무는
시간 저쯤에서 흰색이다

푸른 솔가지는 흰 눈을 짊어지고서야
더욱더 푸르고
회벽 하늘은 푸르름을 먹어버렸다

흑과 백 사이에 선 혼돈에서
하늘을 이고 나는 것이
까마귀이든 고니든
이제 와 내가 탓할 게 무엔가

시절도 모르고 피어나
얼어 죽는 개나리처럼
비천함이 되지 말고
얼어 갈라 터진 나무 틈을 뚫고
꽃을 피우는 겨우살이처럼
벗에게 봄이 옴을 말해주자

그리하여
지난겨울에는 고픈 배를 속이려
긴 잠을 잤다고 귀엣말로 남겨두자.

그냥 그렇게 살았어 / 김락호

난 말이야
낮에는 햇빛 아래 숨어 있는
세상을 보며 살았고
밤에는 달빛 아래 춤추며
외로운 사람끼리 손잡고
그리워하는 것을 보고 살았어
그냥 그렇게 생각하며 살았어

내 몸이 아파
침대에 누워
천장에 온갖 세상 그려가며
지나온 내 세상을 그려 보았어
참 힘들었더군

하지만 나만의 추억도 있었고
사랑도 있었고
행복에 몸부림치던 순간도 있었어

그레서 말이야
더럽고 추한 세상이 다시 보고 싶어졌어
추함 속에 사랑이 있었고
더러움 속에 그리움도 배어 있기에
나만의 세상에 망치 하나 들고
다시 고쳐가면서 시작하고 싶어졌어.

널 사랑하는 건 아픔이야 / 김락호

멀리서 널 바라보는 건 쉬운 일이야
그냥 하늘 흐름에 내 몸을 두둥실 띄워
아주 조그만 점으로 서 있는 너일지라도
나는 어디서든 너를 알아볼 수 있기 때문이야

가까이서 널 바라보는 건 쉬운 일이야
네가 날 바라보며 무슨 생각을 하는지
홀로 고픔에 쓰라려 약해져 있지는 않은지
손 뻗으면 내 품으로 끌어안아
무엇이든 내 가진 것 건네줄 수 있는
눈앞에 서 있는 널 사랑하는 건 쉬운 일이야

그러나

닫힌 네 맘을 두드리는 건 힘든 일이야
멀리 있어 그리워할 사랑도
가까이 있어 품을 수 있는 여유도 주지 않는
허허한 마음만 가슴으로 삭여야 하는
감은 눈 닫은 가슴이 벽이 되어 돌아서면
멈춰진 네 맘이 그래서 나에겐 아픔인 게야.

가을 랩소디 / 김락호

시작도 없다
끝도 없다
침묵의 소리
정녕 말없이 떨어지려나

구절초는 피어나는데
꽃길 따라가려
지금껏 기다렸나

우아한 냉혹 속에
내리는 가을비
눈물 삼키며 쓰는 편지 한 통
낙엽 속에 던져 버린다

확 떨어져라
가녀리게 매달려
슬픈 눈빛으로
내게 말하지 말고

싸늘한 달의 미소에 속지 마라
헐벗고 헤매는 내 모습 뒤로하고

별빛 속에 수많은 나그네가 길을 가듯
너도 그렇게 떠나가거라
나는 홀로 내 그림자 벗 삼아 가련다.

안녕이라는 노래는 끝났습니다 / 김락호

노래는 끝났습니다
커피잔은 아직 따스한데
음악이 아닌 절규 소리가
지금 마지막 음을 내리고 있습니다

검은 통 속에서 들려오던
당신의 애절한 사랑이
마지막 여운을 남긴 채 사라지려 합니다

조율하고 연주하던
우리 사랑 노래는 끝이 나고
가로등과 달빛 사이를 지나던 바람 소리마저도
안녕이란 노래를 부르고 있습니다

달빛 따라 흐르던 당신의 고운 목소리도
빗소리에 눈물 감추며 부르던
우리의 사랑 노래도
가녀린 흐느낌으로 귓전에 남을 때
우리는 안녕하며 묻어 버린 사랑을 남겨둔 채
이제 장엄했던 노래는 마침표를 찍습니다.

시인 김보승

목차
1. 고무신을 신은 지게
2. 아내의 새벽길
3. 미련
4. 숨비소리
5. 선산의 양지 녘에 할미꽃 핀다

부산 거주
대한문학세계 시 부문 등단
(사)창작문학예술인협의회 회원
대한문인협회 부산지회 정회원

2019, 2020, 2022, 2024
      명인명시 특선시인선 선정
한국문학 향토문학상 수상
2023년 한국문학 올해의 시인상 수상
2025년 대한문인협회 6월 이달의 시인 선정

공저 <2024 명인명시 특선시인선>

고무신을 신은 지게 / 김보승

萬古의 그 바람 불어
밀려왔다가 밀려가는 푸른 물결 소리는
깎이고 닳아버린 몽돌의 눈물인 양
설움 같은 아버지의 거친 숨소리입니다

그 숨소리 보릿고개 넘나들던 허름한 지게엔
낡은 무명천 같은 가난이 실려있고
잔챙이 같은 배고픔이 담겨있습니다

얼기설기 꿰매진 고무신 속에는
허기진 고달픔이 걷고 있고
지친 육신의 무게가 걷고 있습니다

암울했던 아버지의 역사 위로
지팡이에 의지한 허름한 지게 하나
버젓이 버티고 있었으니

그때 그 시절
낡은 지게 속에서
빛바랜 고무신 속에서
서글픈 추억 같은 아버지의 애환은
고무신을 신은 지게에 실려 온 하얀 그리움입니다.

아내의 새벽길 / 김보승

새벽 인시의 끝자락
창틈 비집고 들어온 찬바람
코끝에 이는 싸늘한 냉기의 움츠림
바스락거림의 귓속 떨림은 이명을 깨우고
윙윙거림은 머릿속을 헤집는다

"여보 이른 새벽인데 뭘 하시오"

친정엄마 목욕시키려
새벽 찬 공기 타고 발걸음 나선단다

여든네 살
태양의 삼만 육백육십 번의 윤회 속에
응축된 내공은 몸속 지병 옹이처럼 돋아난
세월 흔적 대적하고 있었다

굽이굽이 새겨진 물결 같은 주름살에
성긴 나이테 떨어지는 눈물 속에 비친
아련한 엄마의 세월 위로 삶이 저물어 간다

곱게 살아온 엄마의 향기
셋째 딸 가슴에 사랑 꽃피우기에
주마등처럼 스쳐 가는 엄마의 세월 길
그 여정의 길 미련조차 오롯이 걷고 있다.

미련 / 김보승

두들김이 없었다
누구도 흔적을 남기지 않았다
긴 기다림은 어느 한적한 곳
탱자나무 아래 장승처럼 서 있었다

걸어온 시간 쌓였던 시간만큼이나 깊은 상흔이
탱자나무 가시 속에 박혀 벗어나지 못하고 있었다

간헐적 불어오는 소슬바람은
팔월의 뜨거웠던 정열을 전설처럼 흘리고
구월의 코스모스 가녀린 가슴에
그리움인 양 다가와 떡하니 버티고 있었다

희멀건 내 삶의 의미 있는 기억들은
팔월 땡볕 추억 남기고 구월 밖으로 밀려가고
탱자나무 가시에 정체된
지나온 발걸음이 구월 소슬바람에 떨고 있었다

멈춤도 기다림도 없는 꿈속 공간에서
팔월의 이별 미련 없이 푸른 하늘에 내던지고
나의 구월 두들김은 아주 조용히 잠들어 가고 있었다

나에게 구월의 두들김은 아직도 준비되지 않았는데

숨비소리 / 김보승

숨비소리
그 소리 남녀노소가 없고
배움의 높낮이와 채움에 앞서고 뒷섬도 없다

그 소리에 청춘의 애환 恨처럼 서려 있고
노년의 파래 같은 삶은 삯의 눈빛만 양 형형하다

그 소리에 두려움을 불사르고
용기와 의지가 부레처럼 부풀어 올라
욕망과 욕심은 눈처럼 녹아내리고
유혹의 손짓마저 짠바람 저려오듯 용납지 않는다

오뚝이처럼 일어나고 불굴의 의지가
꿈틀꿈틀 솟아나 삶의 에너지는 성성하다
그 소리 높낮이에 호흡을 고르고
적은 것의 심덕, 배려와 나눔이 음계를 탄다

수채화 같은 바다 여자
서러운 해녀들 인어 이야기가 전설이 되어 피어난다
그 소리, 감청 물속 깊이만큼 길고 긴 해녀의 숨비소리.

선산의 양지 녘에 할미꽃 핀다 / 김보승

옛집 앞 자갈 소리 뭇별이 구를 때면
어여차 아버지 달빛 타고 오시었지

툇마루 다듬이 소리 동구 밖 물들 때면
하얀 목련 어머니 별빛 타고 오시었지

이승이나 저승이나
아낌없는 넘칠 사랑

달빛 타고 별빛 타고
휘적이는 그리움은
선산의 양지 녘에 할미꽃 핀다

네 세월 녹은 슬어 또 얼음 녹고
아지랑이 올라 봄바람 부니
꽃피는 그 사랑 달빛 타고 별빛을 탄다

시마다 들리는 사연
때마다 모이는 사연

인생사 낡고 닳은 나그넷길
제 너머 서산에 걸쳤건만 달빛 타고 별빛 타고
휘적이는 그리움은 선산의 양지 녘에 할미꽃 핀다.

>> 박·영·애·시·낭·송·모·음·집

시인 김이진

목차
1. 널 그리다
2. 바람의 숨결
3. 비와 찻잔 사이
4. 어느 날 문득
5. 비가 내리는 날에는

한울문학 시 부문으로 등단 (2005)
한울문학 문인협회 정회원
대한문인협회 강원지회 정회원
대한시낭송가협회 정회원
한국문인협회(영월지부) 정회원
영월동강문학회 정회원
사랑의 장기기증운동본부 정회원

〈수상〉
한국문학 발전상
월간 한울문학 작가상, 공로상
한국문화 예술인 금상
한국문학 올해의 시인상, 올해의 작가상
문화예술교류진흥회 창작 문학대상
대한민국 근정포장 (2018)
제15회 김삿갓 문학상 우수상 (2019)
한국문학 베스트셀러 최우수상 (2019)
2002년 부산 아시안 게임 성화 봉송 주자
2013년 춘천국제마라톤 명예의 전당 등극

〈저서〉
제1시집 〈수채화로 물들인 사랑〉
제2시집 〈내 마음에 꽃비가 내리면〉
제3시집 〈그리움이 사랑을 품을 때〉

제3시집 〈그리움이 사랑을 품을 때〉

널 그리다 / 김이진

바람이 분다
비가 가슴으로 내린다

그리움의 비바람이
아스팔트 위에서 휘청거린다

이 비바람이 그치고 나면
널 향한 그리움 진한 초록 향기로
한 걸음 더 가까이 다가오겠지

초록 물방울이
뚝뚝 떨어지는 날
이별의 말도 없이 떠나버린
넌 저 하늘에 슬픈 별이 되었지

난 널 기억하며
남몰래 흘린 눈물로
날마다 가슴앓이를 하였지

비 오는 날의 수채화
가슴을 타고 흐르는 물감 냄새가
진하게 느껴지는 것도 그리움 때문이겠지

너무나 그리워하는 마음처럼
텅 빈 가슴에 수채화 물감을 풀어놓는다

가슴이 시리도록 파란 하늘
그리움의 노래가 가슴을 적신다
금방이라도 울음을 토해낼 것 같다

보고 싶다
내 가슴에 영원한 별
나의 사랑 D.H.

바람의 숨결 / 김이진

바다 건너
밤새 달려온 바람

싱그러운 아침
너를 살포시 안아본다

바람의 숨결
바람이 내게 하는 말

그동안
잘 있었냐고

그동안
어디에 있었냐고

뜨거운 여름 어느 날
개울가에서 멱 감던 아이처럼
난 수줍은 까까머리 소년이 되었다.

비와 찻잔 사이 / 김이진

지금
창 밖엔 비가 내리죠

어느 가수의 노래가
내 가슴을 적시고 있네요

아메리카노 커피 한 잔에
멋진 남자는 비 내리는 창가에서
그 옛날 아련한 그리움 하나 꺼내봅니다

유리창으로 흐르는
그리움의 알갱이들이 참 애처롭다

입안에 감도는
쌉싸름한 커피 냄새가
추억 속으로 걸어간다

지금
창 밖엔 비가 내려요

그녀의
달콤한 목소리가
멋진 남자의 잠자던 세포를 깨운다.

어느 날 문득 / 김이진

어느 날 문득
그리움이 파도처럼 밀려오면
어디로 가야 널 만날 수 있을까

어느 날 문득
수채화 물감에 취하고 싶은 날
이젤을 들고 어디로 가야 널 그릴 수 있을까

어느 날 문득
비바람 몰아치면
어디로 마중을 나가야 널 만날 수 있을까

어느 날 문득
아름다운 추억을 꺼내보고 싶을 때
우리 또다시 미지의 세계로 여행을 떠날 수 있을까

어느 날 문득
네가 너무나 그립고 보고픈 날
밤하늘에 반짝이는 슬픈 별 하나 내 가슴에 품는다.

비가 내리는 날에는 / 김이진

오늘 같이
비가 내리는 날에는

시집 하나 들고
바다가 보이는 카페에 가고 싶습니다

감성 시에 취하고
진한 커피 냄새에 취하고 싶습니다

빗소리에 취해
비틀거리는 유리창에
수채화 물감을 흠뻑 뿌리겠습니다

창으로 흐르는
그리움 하나 내 가슴속에 담아
맑음의 숨결 당신에게로 달려가렵니다.

시인 김인숙

목차
1. 오월의 모란
2. 그리운 뚝방길
3. 술 취한 지구
4. 위내시경
5. 세탁기

호 : 潤覃(윤담)
대한문학세계 시 부문 등단
(사)창작문학예술인협의회 회원
대한문인협회 서울지회 정회원

대한문인협회 금주의 시 선정
시 자연에 걸리다 시화전 선정
2025년 우리말 시 짓기 전국 공모전 장려상

공저 <2024 대한문학세계 가을호>

오월의 모란 / 김인숙

그대가 떠나간 오월이 오면
뜨락에 모란이 피어나고
높새바람 꽃잎을 스치면
님을 향해 나도 날아보네요

어두움은 꿈으로 이어지고
별이 된 그대를 만나지요
꽃봉오리 서러워 움켜잡고
서글픈 눈물 꽃잎 적시우네요

그대를 보냈던 오월이 오면
해마다 모란은 피어나고
꽃잎이 바람 타고 나부끼면
바람이 그대 소식 전해주네요

아… 오월이 가면
모란은 지고 말겠지
아… 오월아 가지 마라
모란아 지지 말아라

모란아 지지 마라
오월아 가지 말아라
영원토록 영원토록
모란아 피어다오.

그리운 뚝방길 / 김인숙

걷다 보면 그 의자
걷다 보면 그 운동 기구

어린 겨울 함박눈은 나풀나풀 춤추고
작은 발자국은 나를 따라와 주었네
막 자란 나뭇가지 위로 눈꽃이 피고
옹기종기 동화 속 이야기를 나누네

봄 햇살 다정히 가지에 물이 오르면
꽃 자리 개나리꽃 팝콘처럼 터지고
번호표대로 나무에는 꽃망울이 열리네
마음도 덩달아 신나는 울긋불긋 등굣길

화살촉같이 내리꽂는 사나운 소나기에
넘쳐흐르던 개천이 징검다리 감추던 날
내 팔다리는 나뭇잎처럼 휩쓸려 가고
아저씨가 건져낸 내 육신은 재탄생이네

두 팔을 한껏 벌려 잠자리가 되어보고
아무렇게나 심어 놓은 배춧잎 사이로
애벌레 기지개를 켜면 나도 기지개 켜고
친구와 아카시아잎 따내며 행복한 하굣길

어릴 적 흙길은 먼 곳으로 사라져가고
숨 막히는 회색 갑옷으로 갈아입었네
꽃들도 울타리 안으로 갇히고 말았네

걷다 보면 또 그 의자
걷다 보면 또 그 운동 기구
뚝방길은 회색 옷을 또 기워입는다.

술 취한 지구 / 김인숙

육신을 갉아먹는 아름다운 왕관 코로나19
폐부를 향해 돌진하는 가증스런 바이러스가
2019년 세상 밖으로 성큼성큼 걸어 나왔다

벙어리로 마스크로 숨죽이던 말 없는 전쟁터
두 눈만 내놓고 살라는 지구의 가혹한 처분에
빌딩의 불빛과 거리의 네온사인은 눈 감았다

고립으로 몰고 갔던 3년간의 코로나19 팬데믹
어디를 가든 3분 손 씻기 명령이 원망스럽고
먹고 마시는 것도 용납할 수 없는 극한 처벌

다시 도착한 여름은 이글거리는 초대형 용광로
숨 막히는 초침 소리가 빙하를 바다로 보내고
오폐수와 일회용품은 가증스런 왕관의 먹이다

해양오염과 쓰레기 더미에 눌려 신음하는 지구
그놈은 미친 척하고 더 센 악귀의 탈을 쓰고
우리의 폐부를 옥죄이며 지하에서 꿈틀거린다

지금 비틀거리는 지구에 사과하면 용서가 될까.

위내시경 / 김인숙

기다란 검은 뱀의 형체인 스테인리스 머리가
푸른 광선을 번득거리며 목구멍을 후벼 파고
성큼성큼 식도를 타고 내려가 위를 점령한다

세상 무엇보다도 날카롭게 사방을 쏘아 본다
눈부신 광선은 겹겹의 클라이밍장을 수색하고
허락받지 않고 은거 중인 침입자를 발견한다

그놈은 날카로운 이빨이 철커덕 철커덕하면
무참히 뽑혀 나간 혹 덩어리로 피의 폭포다
광기 어린 두 눈이 다른 침입자를 뽑아내고

수색을 끝낸 기다란 몸뚱이가 뒷걸음질 친다
식도를 타고 올라가는 푸른 광선은 빛을 잃고
뱀의 머리가 목구멍을 통과하며 눈을 감는다

위 벽은 여전히 피의 폭포수가 그려지는데
그는 아무 말을 할 수가 없었다.

세탁기 / 김인숙

세상살이 지쳐버린 옷들이 정신없이 돈다
휙휙 휙휙
숨이 가쁘다면서 미친 듯이 돌고 또 돈다

완장을 찬 세제가 한껏 부풀어 부글대며
씨실과 날실 사이를 교묘하게 파고든다

주머니 감춰둔 오물은 가차 없이 정화되고
원치 않던 끈적한 일 속 시원히 지워진다

부질없이 매달리던 미련함도 지워져 가고
퍼붓던 정갈한 폭포수는 오염의 해방이다

옷들이 악수하며 세탁기 구속에서 벗어나
정갈한 웃음꽃이 빨래 대에 걸쳐지면
남은 수분이 햇빛 담아 영롱하게 퍼져간다.

시인 김정섭

목차
1. 기억의 조각들(치매)
2. 들꽃의 숨결
3. 그대 슬픔의 꽃
4. 침묵 끝의 햇살
5. 그리움의 편지

경북 문경시 거주
(사)창작문학예술인협의회 회원
대한문인협회 대구경북지회 정회원
대한창작문예대학 졸업(2023년)
문예창작지도자 자격 취득

〈저서〉
제1시집 [볕이 좋아 걸었다]
제2시집 [가을이 바람을 부른다]

〈수상〉
2022년 신춘문학상 전국 공모전 은상
2022년 짧은 시 짓기 전국 공모전 금상
2022년 순우리말 글짓기 전국 공모전 은상
2022년 한국문학 발전상
대한창작문예대학 졸업 작품경연대회 금상
2023년 한국문학 올해의 작품상
2024년 신춘문학상 전국 공모전 동상
2024년 우리말 시 짓기 전국 공모전 금상
2024년 한국문학 우수작품상
2025년 신춘문학상 전국 공모전 은상
2025년 짧은 시 짓기 전국 공모전 동상
2025년 우리말 시 짓기 전국 공모전 장려상

제2시집 〈가을이 바람을 부른다〉

기억의 조각들(치매) / 김정섭

하얗게 물든 머리카락 사이로
잊힌 시간이 스며와
기억 속에 파란 물결이 파도치듯
고운 미소에 아득한 그늘이 채워진다

소리를 내어 눈물로 부르면
희미한 기억의 조각들은 날아가고
손끝에서 느껴지는 따스한 감촉
그 소중한 시간은 잔인하게 사라진다

희망을 품고 이야기를 모아
잃어버린 기억을 다시 찾아본다
사랑과 그리움은 언제나 함께하여
치매의 바람이 불어도 눈물은 기억을 지킨다.

들꽃의 숨결 / 김정섭

세월의 강은 잔잔히 흐르고
고운 미소 지혜의 꽃은 피어나
시간의 흔적 안갯속 발자국입니다

들꽃의 숨결은 기쁨으로 스며들어
맑은 하늘 구름 따라 걸으시는
여정의 끝

햇살 맞은 웃음꽃은
굽이굽이 삶의 길목마다
새겨진 주름 속에 이야기
가슴으로 피워낸 세월의 향기입니다

인생 쓴 약처럼 다가와도
잔잔한 호수에 스며드는 따스한 바람은
햇살에 물든 장수(長壽)의 기쁨 행복입니다.

그대 슬픔의 꽃 / 김정섭

햇살 같은 그대의 눈빛
마음속 아련한 기억
저 붉은 노을이 깊게 끌어안는다

하늘과 땅의 숨결이 젖어 올 때
강가에 부서진 눈물은
빗속에서 조용히 녹아내리고

유리알 같은 그대 웃음꽃
바람결에 빛바랜 아름다움 되어
슬픔의 꽃 가슴에서 핀다

텅 빈 여백의 붉은 장미
새벽 성당의 종소리 울릴 때
씨앗의 성장 기적의 나비가 된다.

침묵 끝의 햇살 / 김정섭

울던 하늘은 눈물을 멈추었습니다

텅 빈 항아리 속의 소리 없는 침묵
싸늘한 공기마저 멎어버린 듯
가슴 깊숙이 스며드는 슬픔입니다

멈춰버린 시간 굳어버린 공간 속
창백한 달빛 아래 드리워진
세월의 그림자 맴도는 외로움입니다

어느새 나지막하게 깔린 어둠
빈 둥지에 내려앉는 마음은 그저
채워지지 않는 그리움 속에 그림자

메마른 가지 끝 봄이 찾아오듯
눈 부신 햇살 따스한 그대 숨결
빛의 행복 수선화 당신을 맞이합니다.

그리움의 편지 / 김정섭

내 마음 깊은 곳에
아직도 그대 향기 남아 있습니다
별빛처럼 반짝이는 그 눈동자
내 가슴 속에 남아 있는 그 이름

시간이 흘러도 잊지 못하는 당신의 미소
그 시절 말하지 못한 편지를
밤하늘의 별들에 띄워 봅니다

가을바람에 실어 그대를 생각하며
내 마음의 정원에 그대의 향기를 담고
그립다는 물음표에 따스히 안겨봅니다

당신의 사랑이 내 마음을 감싸고
그리움은 달콤한 꿀처럼 스며듭니다
내 마음 깊숙이 남아 있는 그대 사랑
영원히 내 가슴에서 피어나고 있습니다

시인 김종태

목차
1. 바람 머문 자리
2. 냉잇국 한 그릇
3. 바람 한 줄기처럼
4. 조용히 피어나는 일
5. 마음이 먼저 가는 길

서울 거주
대한문학세계 시 부문 등단
(사)창작문학예술인협의회 회원
대한문인협회 서울지회 사무국장

〈수상〉
2025년 신춘문학상 대상
2024년 올해의 시인상
2024년 순우리말 글짓기 공모전 장려상
2023년 신춘문학상 동상

〈공저〉
서울지회 동인문집 〈들꽃처럼 제4집, 제5집〉
대한창작문예대학 10기 졸업 작품집
　　　　〈가자 시 가꾸러〉

공저 〈들꽃처럼 제5집〉

바람 머문 자리 / 김종태

수락산 나뭇잎
한쪽은 물들고
한쪽은 아직
여름을 붙잡고 있다

양로원 마당
낙엽 하나 굴러가고
그 옆으로
슬리퍼 끝에 잎새 하나 끌려간다

기지개 켜는 어깨
팔꿈치가 천천히 솟고
한 사람은
세 걸음 만에 숨을 고른다

창문으로 들어오는 바람
커튼을 밀었다 닫는다
식판 위
숟가락이 떨리다 멈춘다

손등에 마른 핏줄
주름을 따라 접힌 살결
속살처럼 엷은 살빛이 비친다

마당 끝
이파리 하나
내 발등 위에
잠시 머물렀다 굴러간다

냉잇국 한 그릇 / 김종태

봄바람이 논둑을 핥고 갔다
돌 틈을 비집고 나온 냉이 한 줄기
허리 굽히고 냉이 캐던 날
내 손끝에 봄이 들었다

비닐봉지 안
냉이들은 뿌리를 감고
잎을 맞대며 웅크리고 있었다
풀잎들도 저마다 사는 모양이 다르다

그날 저녁
식탁에 냉잇국이 올랐다
김 모락모락 피어오르더니
엄마는 아무 말 없이 국을 내밀었다

숟가락 위 잎맥 하나
혀끝에서 사르르 풀리는데
그 속에 흙내와 바람과 햇살
그리고 엄마 손맛이 들어 있었다

바람 한 줄기처럼 / 김종태

그저 지나가는 바람인 줄만 알았다
내 안의 맑은 자리에
조용히 내려앉은 기척 하나
그대였다

햇살도 말이 없고
숨결도 그 순간 멈췄다
당신은 아무 말 없이
내 마음의 결을 살짝 스쳤다

알겠다
기다림은 끝나는 것이 아니라
어느 날 문득
바람 한 줄기처럼 스며든다는 걸

조용히 피어나는 일 / 김종태

들판 끝
바람 새는 틈
허리 숙인 꽃 하나
바람 쪽을 본다

햇살 한 숟가락이면
하루를 견딜 수 있다는 듯
흙먼지가 내려앉아도
조금 더 고개를 든다

벌도 나비도 안 오는 날
세 장의 꽃잎으로 견디고
누가 알아주지 않아도
그 자리에 조용히 핀다

바람 불면
같이 흔들리고
비 오면 고개 숙였다
다시 일어난다

나는 오늘
그 곁에 무릎을 꿇었다
눈길 한 번 머물지 않는 자리에
말없이 피어 있는 걸 보았다

마음이 먼저 가는 길 / 김종태

장남이 아닌 내가
어머니를 모셨다
어머니가 내민 손을 잡고
나는 아내와 그 자리를 감쌌다

아내가 맏딸은 아니었지만
장모님은 둘째 딸을 택했다
사랑은 순서가 아니었고
우리는 그렇게 한 울타리가 되었다

모신다는 건
감정이 아니라
불편한 말과 시간을
눈 맞추며 건너는 연습이었다

가족은 제도의 가장자리에서
참고 기다리고 이해하는 일
서로를 닮아가다가
결국 마음이 먼저 가는 길에 닿는 일이다

>> 박·연·애·시·낭·송·모·음·집

시인 김혜정

목차
1. 인연
2. 꽃잎편지
3. 소풍가는 여자
4. 가을 창가에서
5. 비 오는 날의 연가

2004년 대한문학세계 시 부문 등단
(사)창작문학예술인협의회 부이사장
대한문인협회 서울지회장
대한창작문예대학 지도 교수
시낭송가 인증서 취득

〈수상〉
한국문학 문학대상 외 다수

〈저서〉
제1시집 "어떤 모퉁이를 돌다"
제2시집 "먼, 그래서 더 먼"
제3시집 "돌아보는 시선 끝에는"

〈공저〉
명인명시 특선시인선, 들꽃처럼 1,2,3,4,5
대한창작문예대학 제6기 졸업 작품집
동반의 여정 외 다수

제3시집 <돌아보는 시선 끝에는>

인연 / 김혜정

아름다운 꽃잎 위에 새긴 인연
우리라는 줄기를 세우고
믿음으로 잔잔한 뿌리를 내려
한 떨기 꽃으로 완성되는 사랑이여

하늘 아래 운명으로 주어진
꼬리표를 달고
하나 된 삶의 노래 뜨겁게 부르며
숙명처럼 살아가는 우리

가슴 아픈 고통과 슬픔도
함께 나누며 걸어가는
진실한 믿음의 사랑이 있기에
견디어 낼 수 있는 것이리라

한 세상 두 손 마주 잡고
내일의 아름다운 삶을 위해
하얀 웃음 담으며
백합 같은 순결한 노래 부르리라.

꽃잎편지 / 김혜정

이토록 깊이 한 사람을
사랑해 본 적 없습니다

긴 하루의 시간 속에 잠시라도
내 삶의 테두리에서 벗어나지 않고
가슴에 머무는 사람

언제부터인가 그대에게
쓰기 시작했던 글이
시라는 이름으로 불리며
어설픈 가락을 타고 노래가 되었습니다

늘 함께하면서도
사랑의 편지를 쓰게 하는 사람
한 번도 빨간 우체통에 붙이지 못한 편지는
내가 나에게 쓰는 사랑의 독백입니다

오늘도 그대를 향한
사랑의 소야곡에 꽃잎 사연이란
이름을 붙여 편지를 씁니다.

소풍가는 여자 / 김혜정

눈부신 하루가
아지랑이 벗을 삼고
콧노래 부르며
바람 타고 소풍가는 날

꽃잎 향기 속에
흠뻑 취한 그녀
하얀 구름 한 송이 뽑아
꽃모자 만들고
햇살 한 줌 떠서 하루를 위한
분단장하는 마음에 설렘도
길을 따라나섭니다

아지랑이 나풀나풀
선녀 옷 지어 입고
바람이 알알이 엮어 준
실 망태래 상큼함으로 둘러메고
옮기는 발걸음에
초록 향기도 신이 난 듯
뭉게구름을 탑니다

나는야 소풍가는 여자
따사로운 머금은 세상
가지 끝마다 매달린 행복
초록 가슴으로 품에 안고
태엽을 감듯 기쁨을 감습니다.

가을 창가에서 / 김혜정

바람 부는 창가에 앉아
이별의 편지를 적었던
어느 가을날의 아픈 사연은
생각하지 않기로 했습니다

그 아픈 이별이 언제 또
슬픔의 나락으로 몰아넣고
내 마음을 뒤흔들지 모르지만
낙엽처럼 가버린 쓸쓸했던 사랑도
생각하지 않기로 했습니다

당신과 내가 소중하게 나열했던
사랑의 언어가 추억이 될 수 있도록
이별도 서러워하지 않겠습니다

올가을에는 그저
알알이 익어가는 들녘의 곡식처럼
넉넉한 눈으로 세상을 바라보고
삶의 울타리 안에 사랑과 기쁨으로
빛이 나는 축복만을 담으려 합니다.

비 오는 날의 연가 / 김혜정

텅 빈 방안 감미로운 음악이
은은하게 울려 퍼지도록
스피커 볼륨을 낮춘다

노랫가락을 타고
창문을 두드리는 빗소리는
그리움의 목소리일까
가만히 귀 기울여 보는 마음에
적막함이 스며온다

바람도 쉬어가는 비의 길목에
뽀얗게 피어나는 물안개 사이로
비에 젖은 잎새들의 흔들림 타고 들려오는
새들의 환상 교향곡은
나를 위한 그대 사랑의 노래인가

잠시 숨을 고르던 비가 다시 내리며
토닥토닥 창문을 두드리며 부르는
아련한 노랫가락은
그리움의 울림이 되어 흐른다.

>> 박·영·애·시·낭·송·모·음·집

시인 김희영

목차
1. 화선지에 담은 혼
2. 햇살 머문 겨울 창가에서
3. 나무리에는 강이 흐른다
4. 자화상
5. 동행(부부)

대한문학세계 시, 수필 부문 등단
(사)창작문학예술인협의회 이사
대한문인협회 정회원

〈수상〉
짧은 시 짓기 대상
순우리말 시 짓기 대상
한국문학 예술인 대상(대한문인협회)
명인명시 특선시인선 8회 선정
동인지 아름다운 들꽃 외 다수

〈저서〉
시집 〈시간 속에 갇힌 여백〉

시집 〈시간 속에 갇힌 여백〉

화선지에 담은 혼 / 김희영

별들이 아직 깨어나지 않은 저물녘
지구를 반 바퀴 지나온
온갖 상념들이 화선지 위에
못다 한 이야기를 풀어헤친다

놓치기 쉬운 선과 각도
예리하게 잡아내는 고른 숨결
점과 선을 이어주는 날 선 감각

가슴 깊숙이 살아 꿈틀거리는
열정에 덧입힌 담백한 점과
정갈함을 더한 날카로운 선
생명의 궤적이다

순간을 잡아내는
고귀한 기품의 손길은
싸늘히 손가락을
빠져나가는 바람마저도
하얀 백지 위에
살아 숨 쉬는 혼을 덧씌운다.

햇살 머문 겨울 창가에서 / 김희영

눈꽃 핀 창문 사이
한 줌의 햇살은
시린 겨울
게으른 긴 그림자로
가슴에 담긴 그리움 하나
창밖을 서성이게 한다

붉게 타오르는 하늘은
하루를 마감하고
피로한 생각은
하루를 뒤돌아보건만
잡힐 듯 잡히지 않는
먼 옛이야기 같은 시간의 틈새

바람과 세월 사이에
깊게 묻어둔 꿈은
시간의 더께를 털어내지 못하고
그리움의 경계에서 서성인다

계절과 시간의 틈새에
눈꽃 사이를 비집고
창문으로 들어온 햇살 한 줌
그리운 마음에
아련한 덧칠을 하고 있다

싸늘하게 식은 가슴에
꽃이 피고 있다.

나무리에는 강이 흐른다 / 김희영

강 언덕에 앉아
강물의 노래를 듣는다
출렁이는 바람결에 그들만의 언어를 속삭이며
밤새 흐르고 흘러 유년의 어느 골목에서
푸념하듯 부르던 노래를 품고
나무리 앞마당에 흐르는 강

한 발자국 다가서면
한 뼘 다가와 출렁이고
한 발자국 멀어지면
한 뼘 멀어지며 울음 울던
한을 품고 한을 뱉어내는
어머니의 속내를 담은 강은
상처 숨긴 채 울어대는
아낙의 아픔을 노래한다

강은 흐른다
어머니의 아픔을 담고
유년의 그리움을 품고
아버지의 고단한 삶을 끌어안은
나무리의 강은
시린 겨울바람을 등지고 봄을 부르며
오늘도 유년의 발자국 곁을 서성인다.

* 나무리는 고향 마을 이름

자화상 / 김희영

바다를 품은 갈매기
소라 껍데기의 사연을 품고
높푸른 하늘로 비상한다

우유부단한 성격
인연의 고리 얽혀
파도에 내어주고
갈매기에 파먹히고
빈 껍질뿐이다

질퍽한 갯벌을 헤집으며
파도에 휩쓸려도
갯바위에 올라 세상을 보는
끈질긴 희망을 찾고 있다

짠물에 절인 나의 생
바다를 그리워하며
짠맛 풍기는 모래에 묻힌
소라껍데기다.

동행(부부) / 김희영

비가 오는 봄날에
추적이는 빗소리만큼
끈끈한 동행이
거실에 마주 앉아 있다

지루한 일상이 술렁거린다
발동한 장난기
내기에 이기면 소원 들어주기
불타는 승부욕에 빗소리도 숨죽인다

치고 빠지는 지혜로움
배려하는 마음은
웃음의 작은 열쇠가 되고
듬성듬성 내려앉은 백발은
무색함에 등을 돌린다

맞붙는 승부욕이
속임수는 절대적
능청 떠는 속임수에
웃음은 빗소리를 뚫고
담장을 넘어선다

비에 젖은 하루는
잔잔한 웃음과 동행하고
하루하루의 행복은
긴 여정 동행의 끈을
오늘도 한 가닥 이어 간다.

시인 **박영애**

목차
1. 첫눈 내리던 날
2. 사랑인가 봐요
3. 감기
4. 중년의 사랑
5. 쇠똥구리의 희망

대한문학세계 시 부문 등단
(사)창작문학예술인협의회 부이사장
대한문인협회 부회장
대한창작문예대학 시창작과 지도교수
시낭송 교육 지도교수
대한문학세계 심사위원
대한시낭송가협회 명예회장
문화예술 종합방송 아트TV
　　　　'명인명시를 찾아서' MC
한국문학 대상 외 다수

시낭송 모음 13집
　　"기억으로 남는 시" 외 다수

시낭송 모음 13집
<기억으로 남는 시>

첫눈 내리던 날 / 박영애

우연인지 필연인지
처음 연락하던 그때도 그랬다

아마도 우리의 연결 고리는
일기예보로 시작된 것인지도 모른다

화창하다가 소낙비가 내리기도 하고
쌩한 칼바람이 불다가도 훈풍으로 다가오고
때로는 천둥번개가 쳐 가슴을 쓸어내리기도 하지만
그러면서 미운 정 고운 정 엉켜
어느새 마음 깊숙이 모든 것이 녹아들었다

첫눈 내리는 오늘
무심코 카메라 셔터를 누르면서
잊고 있던 그 설렘의 시간을 담았다

당신에게 보내는 순수하고 떨리던 첫 마음을.

사랑인가 봐요 / 박영애

아침 햇살이 나를 깨우면
창문을 열고 그대를 반겨요

행복해하는 나는
소소한 사랑으로
하루가 시작되죠

나의 하루는
그대를 생각하면서 시작해요

나의 하루는
그대를 기다리면서 시작해요

작은 구름 하나 날기 시작하면
나는 살며시 웃고 있죠

그대 이름이
내 맘에 들어오면
두 손을 잡고서 걸어가는
꿈을 꾸죠
그게 바로 사랑이죠

상큼한 아침 바람에 눈을 뜨고
숲속에 창을 열면
또 그대를 생각해요

이 모든 현상이 바로
사랑인가 봐요.

감기 / 박영애

보이지 않게 조금씩 조금씩
감기 바이러스가 녹아들다
한순간에 훅 들어오듯
사랑도 그랬다

약을 먹어도 소용이 없고
아플 만큼 아픈 시간이 지나고
기다려야 낫는 감기처럼
이별의 아픔도 그랬다

사랑과 이별은
그렇게 찾아왔다

또 언제 다가올지 모르는 감기처럼.

중년의 사랑 / 박영애

질긴 고난의 세월
깊은 심장에 남겨두고
바람에도 부끄러워하는 꽃잎이여

지난봄
온몸을 불태운 고통의 상처 숨기고
산허리에 수줍게 피어나는 향기는
밤새 토해낸 사랑의 절규이리라

가파른 비탈길에
가녀린 뿌리에 온몸 맡기고
먼 그림자로 남아 있는 사랑 찾아
바람에 실려 보내는
애절한 사랑이여

네가 피어난 자리
고난과 인고의 세월을 보내고
중년의 언덕이로구나.

쇠똥구리의 희망 / 박영애

더러움을 마다하지 않는다
행복한 웃음을 위한 발걸음
소똥이든
말똥이든
기꺼이 육신이 쇠진할 때까지
운명처럼 동행한다

앞이 보이지 않아도
나보다 더 큰 행복의 자양분을
고통의 길 위에 굴린다

깨지기도 하고 버려야 하는 아픔도 있지만
내게 주어진 굴레라 여기며
포기하지 않고 묵묵히 그 길을 간다

더럽다 손가락질받아도 상관없다
아이들의 소중한 웃음을 만들고
행복의 울타리를 만들기 위해서라면
이 한 몸 오물로 뒤집어쓴다 해도
피하지 않을 것이다

오늘도 똥을 굴린다
오물을 뒤집어쓰고
행복의 문턱을 넘어
아이들의 웃음이 머문 그곳으로 향한다

그것이 어미의 숙명이기에.

시인 박익환

목차
1. 무주택자
2. 세월의 편지
3. 첫사랑 고백
4. 외로운 술래
5. 사랑은 운명입니다

대한문학세계 시 부문 등단
(사)창작문학예술인협의회 회원
대한문인협회 대전충청지회 정회원

2025 명인명시 특선시인선 선정
2025년 우리말 시 짓기 전국 공모전 장려상

〈저서〉
시집 [나는 이미 행복을 시작한 사람입니다]

〈공저〉
2025 명인명시 특선시인선

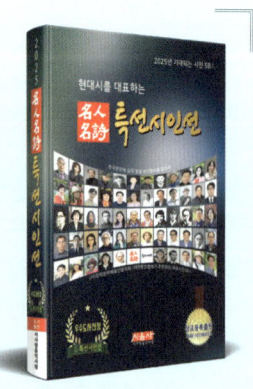

공저 <2025 명인명시 특선시인선>

무주택자 / 박익환

당신께 열쇠를 드리겠습니다
세상에서 단 하나뿐인
소중한 열쇠입니다

당신께 드리고 나면 나는 없습니다
이제부터 난 무주택자입니다

당신만 열 수 있는 특별한 열쇠이기에
지금부터는 당신의 허락 없이
내 자유는 없습니다

하지만 괜찮습니다
모든 것 당신을 따라
하나가 될 거니까요
꿈도 하나 행복도 하나입니다

내 가슴 영원히
당신께
세 들어 살겠습니다.

세월의 편지 / 박익환

믿어주실지 모르겠습니다

당신을 처음 본 순간
흔들리는 가슴을 감추려고
돌아서서 연신 헛기침을 했다는 거

애써 표정을 감추면
어느 틈에 당신은 내 앞에서 웃고 계셨습니다
사실 그 순간엔 얼른 자리를 뜨고 싶었는데

만약에 이대로 돌아서면
다시는 못 볼 것 같아
가슴을 달래며 촉촉한 감정을 숨겼습니다
그렇게 붙잡은 인연이
이렇게 세월이 되었습니다

미안합니다
엉큼한 나의 욕심에 당신은 손을 잡아 주셨는데
한때는 아파 눈물을 흘렸고
언제부턴지 나를 대신해 당신은 가장이 되었습니다

이래서는 안 된다며 일어서자고 나를 달래도
한 번 무너진 남자는 가장이 될 수 없다는 걸 알고
하루하루 우산으로 눈물을 가렸습니다

얼마나 멀리 왔는지
강물이 흐르는 내 가슴에
나는 없고 당신만 있습니다

우체국에 가면 우리의 행복했던 모습
찾을 수 있을지 모르겠습니다
사는 게 뭔지 행복의 정답을 듣고 싶습니다.

첫사랑 고백 / 박익환

사랑은 정말 행복해야 하잖아요
그래서 예방 접종을 하려고요
잠시 눈을 감아 보세요
따뜻하시죠
제 마음입니다

앞으로 예쁜 미소를 지키시려면
처음부터 꽉 잡아야 한다는 거
꼭 명심하셔야 해요

대부분의 남자들 특성이
사랑을 시작할 땐
알아서 머슴이 되었다가
됐다 싶으면 주인인 척한대요

물론 저야 일편단심이겠지만
사랑은 처음이라서요

첫사랑은
세월 끝까지 안고 가는 거라며
천천히 생각하자는 내 가슴을 간신히 달래
설레는 행복을 부랴부랴 당신께 보냈습니다

아무쪼록
당신이 내 편이면 좋겠습니다.

외로운 술래 / 박익환

어떤 인연으로 만났기에
내 가슴엔 온통 당신이어야 합니까

어쩌면 착각일 거란 생각에
당신을 놓아 버리면
어느 틈에 밀려오는 그리움 하나
당신은 미운 사람입니다

차라리 숨지나 말지
가슴속 얼마나 깊은 곳에 계시기에
아무리 불러도 대답이 없는 당신

늘 그리운 사람이지만
이제 술래를 그만두겠습니다

가슴이 몽땅 재가 되어서
더 이상은
당신이 숨을 곳이 없기 때문입니다.

사랑은 운명입니다 / 박익환

설마 그 사람이
제 가슴을 꼭 움켜쥘 줄은
꿈속에서도 생각을 못 했습니다

그날은 모처럼 친구들이 모여
신나게 웃음꽃을 피웠는데
그 틈을 스쳐간 당신이
내 마음을 훔쳐 갈 줄

정말 멋지지 않니
장난스러운 친구의 말에
나도 모르게 시선을 옮겼고
맞아, 고개를 끄덕인 것뿐인데
난 그날 밤
어둠을 꼬박 태워야 했습니다

하루하루 설레는 가슴이
어느덧 일상이 돼버린 지금
이젠 긴장으로 바뀌었습니다

그날 내 시선이 움직인 건
정말 우연이었는데 바보처럼
운명으로 포장을 한 건 아닌지

난 지금 이름도 모르는
그 사람을 가슴에 안고서
불꽃놀이를 하고 말았습니다

내 가슴을 훨훨 태우는 당신이
이 세상에서 단 하나뿐인
내 사랑이 분명하다고....

시인 박희홍

목차
1. 쓸데없는 걱정
2. 구멍 난 양말
3. 파도 같은 세파
4. 마음 다짐
5. 초록의 힘

계간지 '대한문학세계'로 등단
(사)창작문학예술인협의회 회원
대한문인협회 정회원
한국문인협회 회원

〈저서〉
제1시집 [쫓기는 여우가 뒤를 돌아보는 이유]
제2시집 [아따 뭔 일로]
제3시집 [허허, 참 그렇네]
제4시집 [문득 봄]
제5시집 [괜찮아 힘내렴]
제6시집 [설렘 반 기대 반]
제7시집 [자나 깨나]

제7시집 <자나 깨나>

쓸데없는 걱정 / 박희홍

당신이 가져갔나요
화장대 서랍에 둔
몇 푼 안 된 돈

그것 나의 등댓불인
당신 나들잇길 점심값으로
주려고 했던 것인데
구석구석마다 샅샅이
뒤져도 없어요

예전처럼 당신이 가져갔다면
다행인데, 어디에 두었는지
생각이 통 안 나니 어쩌지요

나 설마 그게 아닐까
무지무지 겁나고 두려워요
당신이 꺼내 갔으면 좋겠어요

구멍 난 양말 / 박희홍

십리 길 학교를 오갈 때만 신어도
열흘도 견디지 못하고 구멍이 난다
구멍 난 양말 속에 작은 베 조각과
퓨즈 나간 전구 알을 집어넣고
한 땀 한 땀 볼품없이 얽어매
신고 다니다 보면 며칠 지나
다른 곳이 구멍 나, 그때마다
누덕누덕 꿰매서 신고 다닌다

오일장 전날 밤 엄마께
해진 누더기 양말을 보이니
꿰매 신느라고 고생했다며
엄마께 숨돌릴 시간을 선물해 주었으니
아들에게 선물로 양말과
새 신발을 사 줄게 한다

오늘도 일에 얽매여 사는
사랑하는 엄마의 옹이처럼 울퉁불퉁한
고단한 하루가 냉큼냉큼 저물어간다

파도 같은 세파 / 박희홍

잔잔한 망망대해에서 꿈틀대며
눈망울만 깜빡거릴 땐
평화로움에 절로 미소가 지어진다

한없이 잔잔하게 천천히 오가며
이야기꽃을 피워도 될 터인데
수다 떨 여유 없이 바쁘다

물불 가리지 않고 게거품을 물 듯
눈을 부릅뜨고
급하게 오가면 참 무섭더구나
무서움의 근원은
꾸역꾸역 바람이 일어나
파문을 일으키기 때문이라 한다

이렇듯 감정의 기복이 심한 것이
타고난 너의 운명이라니
널 도저히 탓할 수가 없구나

마음 다짐 / 박희홍

슬며시 웃으며 솟아오른
봄까치꽃에
벌이 찾아와 함께할
봄이 왔다 노래한다

나비는 늦잠을 자는지
코빼기도 보이지 않지만
며칠 지나면 볼 수 있겠지
기다려 보련다

꽃이 곱게 웃듯이
나도 곱게 웃는
얼굴로 살아가고 싶다

오늘은 엄마 아빠께
감사의 꽃 편지를 보내
꽃처럼 웃는 모습에
박수를 보내고 싶다

초록의 힘 / 박희홍

참고 참아왔던 고난의 길
이제 비와 함께 복수초와
홍매 산수유 백매화 뒤따라
길마가지나무 꽃이 핀다

거룩한 천사 빼닮은 봄비
훤히 보이던 숲속 전경은
어느새 우거져 빈틈없고
새들은 정담 나누기 바쁘다

벌과 나비는 쉴 새 없는
날갯짓에 이른 저물녘에
피로를 풀려 집으로 가고
꽃 또한 쉬려고 잎을 닫는다

활기차게 깨어난 푸르름의 봄
초록의 힘, 행복 바이러스
활기차게 울려 퍼지는 봄의 서곡

시인 백승운

목차

1. 당신의 손
2. 문틈으로
3. 만남을 기다리며
4. 민들레 홀씨 되어
5. 5월 하늘가에

현) 알에스오토메이션(주) 전략영업팀 상무 재직
2025년 우리말 시 짓기 전국 공모전 금상 수상
대한문인협회 2024년 향토문학상 은상 수상
2023년 시집 "가슴을 열고 심장을 훔치다" 출간
2023년 한국문학 베스트셀러 작가상 수상
대한문입협회 2023년 제14회 순우리말 경연대회 은상 수상
대한문인협회 2023년 향토문학상 은상 수상
대한문인협회 2022년 제13회 순우리말 경연대회 장려상
시와창작 2020년 문학상 및 2021년 특별 문학상 수상
2019년, 2021년 지하철 승강장 안전문 게시용 시 공모전 당선
제54회 한국문예작가회 한국문예 시 문학대상 수상
대한문인협회 2021년 3월 이달의 시인 선정
대한문인협회 2021년 신춘문학상 공모전 금상 수상
시와창작 2020년 문학상 및 2021년 특별 문학상 수상
대한문인협회 2020년, 21년, 22년,
　　　　　　23년, 24년, 25년 명인명시 특선시인선 선정
2019년 위대한 한국인 대상 수상
대한문인협회 2019년 올해의 시인상 수상
종합문예지 시와창작 사무총장, 사회자
한국문예 작가회 감사, 사회자
대한문인협회 행정국장

시집 <가슴을 열고 심장을 훔치다>

당신의 손 / 백승운

탁탁탁 탁탁탁
새벽부터 음식 만든다고
당신 손이 갈라지는 소리

달그락달그락
맛있는 음식 담는다고
당신 손이 주름지는 소리

꼼지락꼼지락
물속에 잠겨 씻어낸다고
당신 손이 거칠어지는 소리

당신 손이
세월에 늙어가고
거칠고 못나도 나를 위한 거

깜짝 놀라 만지면서
나도 모르게
울컥 쏟아지는 눈물

나에게는
세상에서 제일 따뜻하고
포근한 당신의 손입니다.

문틈으로 / 백승운

세월이 들락거린 발자국마다
쌓인 바람의 몸부림에
휘어지고 벌어진 문틈으로

어머니의 손끝에
꽃들이 초롱초롱 일어나
향기로운 아침이 걸렸고

이슬보다 순결하고 빛나는
아버지의 땀 냄새에
흙이 가득 묻어서 떨어진다

말라서 비틀어지고
수분이 빠져나간 자리에
이마의 주름처럼 골이 졌지만

세상의 모든 사물이
액자 속에 담겨 한 컷 한 컷 전해지는
작은 문틈으로

차곡차곡 마음에 쌓이고
삶이 머물러 있어
크고도 넓게 가슴에 담겨온다.

만남을 기다리며 / 백승운

희망이
하늘 가득 햇빛으로 쏟아지고
하품하다가 흘린 눈물이
무지개로 피어나는
꿈이 현실이 되는 날

당신에게 가는 마음은
번지 점프를 하듯
내 모든 걸 걸고
죽어도 좋다는 마음으로
몸을 던집니다

사랑하고, 사랑하는 마음에
쌍무지개 띄워 올려
희망을 안겨주는 내 사랑
당신을 사랑한다는 말
수천수만 번을 반복하니

오늘 보지 못해도
내일 볼 수 있다는 희망이
시간을 쏜살같이 보내버리고
웃으며 만날 시간이
행복으로 다가옵니다.

민들레 홀씨 되어 / 백승운

당신을 사랑하는 마음
커지고 커져 달콤한 솜사탕이 되면
아이들 환한 미소처럼
당신에게 달려갈
준비가 되었습니다

당신을 향한 마음이
첫사랑처럼 노랗게 가슴에 남고
그리움에 백발이 되어도
당신 향한 마음 변치 않는
일편단심으로 우뚝 서서

함께 할 수 있다는 희망
가슴 터지도록 품고 품어야
사랑한다는 마음 바람 편에
하늘로 띄워 보내면
붉은 홍연(紅緣)으로 이어져

당신 가슴에 핀 꽃 향기에
나비처럼 행복으로 내려앉아
서로 사랑하고 사랑하는
인연의 씨앗이 되어
아름다운 내일을 준비합니다.

5월 하늘가에 / 백승운

봄이 깊어져 가는
5월 하늘가에

꽃향기 넘치고
바람 상큼한 데

하얀 쌀 꽃을
피워낸 이팝나무와

지천으로 피어난
보리의 푸른 물결이

쌀밥 한 상 가득 차려
부모님께

죄송한 마음으로
눈물로 보내나니

무덤가에 핀
제비꽃 말없이 흔들린다.

시인 서석노

목차
1. 꽃 씨앗
2. 여름의 유혹
3. 우리 집 부엌
4. 시름
5. 무인도

2021, 2023년 대한문학세계 시, 수필 부문 등단
(사)창작문학예술인협의회 회원
대한문인협회 서울지회 정회원
대한창작문예대학 졸업
문예창작지도자 자격 취득

2021년 짧은 시 짓기 전국공모전 동상 수상
2023년 '노을빛 비치는 삶의 연가' 출간

시집 <노을빛 비치는 삶의 연가>

꽃 씨앗 / 서석노

너는 하늘의 선물처럼
행복과 웃음 가득 뿌려주며
우리 가정에 첫 손님으로 왔지

새싹은 돋아 봄비 속에 곱게 자라고
때로는 불볕 태양과 삭풍 속에서도
아픔 견디고 헤쳐나와 활기차게 피더니
꽃씨 영글어 제자리 찾아가는구나

낯설지만 희망찬 미래의 땅에서
궂은날은 이겨내고 밝은 날은 감사하며
너의 영원한 동반자와 하나 되어
아름다운 꿈 피워내고 가꾸며
소박하고, 튼실하고, 풍성하게
인생의 꽃밭을 가꾸어 가거라

너희들 미래를 믿고 사랑하며 응원하마
세상 모두의 축복과 신뢰받으며
서로 믿고, 사랑하며 행복하게 살아라
축복받을 우리의 꽃 씨앗들아!

여름의 유혹 / 서석노

화려하고 짧은 초록 봄날 지나면
더 이상 수줍거나 피하지 않고
한여름의 숨 막히는 손짓
활기찬 신록의 절정이 꿈틀댄다

하늘을 뒤덮는 가마솥 열기와
굵은 빗줄기 잎사귀를 때려도
강한 몸짓으로 여름을 외친다

점점 대담해진 뜨거운 햇살은
당당하게 열정의 손짓 보내며
여름의 절정을 찍는 향연의 장으로
뜨거운 숨결과 속옷마저 벗어 던지고
꿈틀대는 여름은 우리를 유혹한다.

우리 집 부엌 / 서석노

송판 문짝 여닫이 제쳐 들어서면
어둑한 십 촉 등에 비친 그을린 천장
가랑잎 불쏘시개가 아궁이 붉게 달구면
달가닥달가닥 눈에 선한 엄마의 손길에
우리 집 하루는 부엌부터 시작이다

아버지 우물물 길어 물독 채우고
무쇠 밥솥 뚜껑 열면 하얀 입김처럼
부엌 구석구석 구름 꽃 피어오르고
부뚜막 소반에 어른 밥, 아이 밥 퍼낸다

된장국, 김치 자백이, 짠지 그릇 나르고
누룽지 긁고 남은 바닥에 자작하게 물 부어
따끈하고 구수한 입가심에 입맛 달래고
온 가족 둘러앉아 웃음 만들던 우리 집 부엌

고구마 묻어둔 빈 아궁이 앞에
복슬강아지 코 박고 꼬리 흔들던
소싯적 우리 집 부엌이 아른거린다.

시름 / 서석노

마음속 깊이 눌러앉아
숨결처럼 생각을 오가는
깊은 사색에도 풀려지지도 않고
흩어져 사라지지 않는
누구 앞에 꺼내지고 못하는
마음속에 불거진 혹 덩어리

표정도, 행동도 참견하더니
삶을 흔드는 주인행세에
피할수록 기승만 더해가는 고심

지친 마음 추스르며
촘촘히 너의 속내 뒤져보니
너도 힘들어서
못 견디게 아파서
이리도 보챘는데 미워만 했구나

네 속에 숨은 고뇌도 상념도
또 다른 나의 한구석이거늘
힘들어하지 말고, 이리 오너라
너의 시름 보듬고 위로해 주마.

무인도 / 서석노

일상은 무표정한 시계같이
한 번도 어기지 않고 흐르며
반복해서 나를 깨워 하루를 엮는다

삶에 부대끼고 나 혼자 될 때
고요한 침묵이 흐르고
한동안 시간도 호흡도 멎은 듯한
내 동굴은 말없이 나를 맞아 준다

그곳만 무인도로 알았는데
여기도 무인도, 낮에도 밤에도 무인도
외로워 갈매기도 날지 않는 섬

작은 외딴섬에 홀로 서서
푸르른 창공과 수평선 만나는 점
어제도 오늘도 아마 내일도
나는 홀로 무인도에 있다.

시인 송태봉

목차
1. 저는 꿀벌입니다
2. 님 그림자
3. 남편의 착각
4. 시간의 다정함이란
5. 꽃순이 팔순이라네

서울 거주
관세사 (주)거보&(주)돈키호테 대표
대한문학세계 시 부문 등단
(사)창작문학예술인협의회 회원
대한문인협회 정회원(서울지회)

2021 한국문학 올해의 시인상 수상
공저 2025 명인명시 특선시인선 선정 외 다수

공저 <2025 명인명시 특선시인선>

저는 꿀벌입니다 / 송태봉

눈 부신 햇살의 사랑을 받고
황금빛으로 빛나는 갑옷을 입고
날카로운 칼날을 자랑하는
저는 멋쟁이 꿀벌입니다

아름답고 향기로운 꽃을 찾아내고는
웅웅웅 최선을 다해 팔자춤을 추고
사랑이 가득 담긴 달콤한 꿀을 취하는
저는 낭만 꿀벌입니다

어느 누군가는 저의 짧은 삶을 비웃겠지만
부지런하게 값진 어제와 오늘 그리고 내일을 모아
더없이 소중한 삶을 만들어 가는
저는 일꾼 꿀벌입니다

님 그림자 / 송태봉

소년의 시간은
느긋하게 흐르는 물살이겠지만
중년의 시간은
한여름 소낙비처럼 지나갑니다

슬며시 감은 눈가로
이제는 흐릿해져만 가는 님의 그림자
어른거립니다

함께 밤을 지내고
함께 아침을 살아 내었던 나의 님

벌개미취 향기 아직은 남아 있건만
고왔던 우리 님
그 자취 아득합니다

남편의 착각 / 송태봉

지금쯤 어디까지 왔을까
대문 밖 엘리베이터 소리와
발걸음을 헤아려 봅니다

항상 같은 시간에 문은 열릴 테지만
오늘도 기다림에 사랑을 담아
따뜻한 밥과 국을 준비합니다

혹시나 어두운 그림자가 보일라치면
어느새 눈치를 보며
모르는 척
못 본 척
눈치 없는 TV의 볼륨이 유난히 큽니다

한 숟갈 뜨는 얼굴에 미소가 보입니다
이제야 안심이 됩니다

사랑과 기다림은 동의어입니다

시간의 다정함이란 / 송태봉

창천에는 아직
뭇별들이 총총하고
사위를 밝히는 촛불이
경망스러운 시간

성질 급한 새벽 햇살에
풀잎에 맺힌 이슬들이
영롱한 보석처럼 빛을 뿌린다

풀벌레들의 칭얼거림이
귓가를 간질이고
아침을 준비하는
아낙네의 부지런함이 소란스러울 즈음

싱그러운 개울물 소리가
파도처럼 다가와
게으른 나의 상념을 깨운다

꽃순이 팔순이라네 / 송태봉

패랭이꽃처럼 순수하고
가냘팠던 소녀가
바잡은 세상과 힘겨루기를 하다 보니
어느새 염색이 어색하지 않은
희나리 팔뚝을 가진 어르신이 되었습니다

바짓부리 붙잡아도 떠나버린 님그리며
꿈에서라도 만나기를 기도하며 보낸
하루하루가 쌓여
훈장이라도 되었는지
이제 팔순이라고 소란을 피웁니다

다가온 계절에 비마중을 나가
무심한 하늘을 올려다보니
미안하다
축하한다
버시를 닮은 배 뚱뚱이 꿀벌이
가시에게 전합니다

시인 염경희

목차
1. 너를 사랑하는 이유
2. 당신과 함께라면
3. 파트너
4. 툭 툭 털어 버려
5. 행복 찾아 나선 길

시인, 작가
경기 파주 출생, 이천 거주
대한문학세계 시, 수필, 동시 부문 등단
(사) 창작문학예술인협의회 회원
현) 대한문인협회 홍보국장
현) 대한문인협회 경기지회 사무국장
(사) 한국문인협회 정회원
서울문화예술대학교 사회복지학과 전공
대한창작문예대학 졸업
문예창작지도자 자격 취득

《수상》
공무원 유공 표창장, 정부모범공무원 표창장
한국교육개발원 전국경연대회 수필 장려상 (2회)
대한문인협회 올해의 신인상, 한국문학 발전상
순우리말 글짓기 전국 공모전 금상, 동상, 장려상
짧은 시 짓기 전국 공모전 장려상, 은상, 금상
신춘문학상 공모전 은상
대한창작문예대학 졸업작품 경연대회 은상
한국베스트셀러 작가상 (2회)

《저서》
시집 〈별을 따다〉
수필집 〈청춘아! 쉬어가렴〉

《공저》 달빛 드는 창, 시낭송 모음집, 명인명시 특선 시인선 외 다수

수필집 〈청춘아! 쉬어가렴〉

너를 사랑하는 이유 / 염경희

창살 없는 감옥살이에 지쳐 있을 때
우연히 너를 만나
망각했던 자아를 찾게 되었다

왜 살아야 했는지
여기까지 어떻게 살아왔는지
앞으로 어떤 삶을 살아야 하는지도 알게 되었다

너를 만난 후에
바람이 불러주는 노래 들으며
무심히 스쳤던 꽃마리와 열애에 빠졌다

봄여름 가을 겨울 자연과 벗하다가
시어가 꿈틀거리는 순간 줄줄이 엮어
자식처럼 품은 그 향기를 바람에 날린다

시 곳간을 채워가는 행복과 환희는
나를 살게 하는 밑거름이 되었고
너를 사랑하는 이유가 되었다.

당신과 함께라면 / 염경희

작고 작은 몸이지만
한결같은 목소리로 세상을 돌리면서
당신은 나의 곁에 머물렀다

몸을 배배 꼬며 칭얼거려도
역정 한 번 내지 않고 함께 해 준 친구
당신은 내 삶의 매니저다

태엽만 감아 놓으면 한결같이
변화무쌍한 날에도 한목소리로
세상과 맞서라 했기에 정상에 우뚝 섰다

살아온 시간보다 살아갈 날들이 적지만
여명보다 먼저 새벽잠을 깨워 주는
당신과 함께라면 험난한 세상살이에도
굴복하지 않고 청춘처럼 살아보고 싶다.

파트너 / 염경희

전성기를 누리던 두 사람
십 년 만에 파트너가 되었다

새봄에 만 가지 꽃을 피우듯
서로의 감각을 교류하여
곱디곱게 차려낸 밥상에 만발한 웃음꽃

봄바람에 실려 담장을 넘으면
행복 꽃향기는 입가에 가득하다

너와 나는 찰떡궁합
천직의 대미에 서서
오감의 향기를 방방곡곡에 날린다.

툭 툭 털어 버려 / 염경희

이제는 모든 것을 내려놓자
이제는 후회도 하지 말자

그동안 거침없이 달려온
지난날에 머물지 말고
오롯이 나 자신을 사랑하는
삶을 가꾸어 보자

고민도 후회도 하지 말고
툭 툭 털어버리자

내려놓아야
새로운 시작을 할 수 있으니까
두 주먹 풀고 빈 손바닥에
새 그림을 그려보는 것도 괜찮아.

행복 찾아 나선 길 / 염경희

엄마의 아기집을 벗어날 때
우렁찬 모습은 잠깐이었고
삶의 속앓이가 깊어져
눈물받이가 되고서야
행복이 무엇인지 알았습니다.

피붙이 떠나 낯선 곳에 발붙이고
얼기설기 얽힌 삶 벗어내는 동안
서쪽 하늘이 발갛게 물들어 갈 즈음이면
젖 찾는 아이처럼 하늘만 바라보았습니다.

속앓이 털어 낼 친구 찾아
물끄러미 별만 헤다가
피붙이가 그리워
눈가에 촉촉이 이슬 고이면
휘영청 달빛은
엄마의 젖가슴처럼 포근하게 감싸주었습니다.

안다미를 이고 지고 된길 걸어왔지만
달빛에 뭇별이 춤춘다면
황혼 역에서 행복 찾아 나선 길은
가시밭길이 아닌 꽃길입니다.

시인 윤만주

목차
1. 슬픈 날의 연가
2. 마음의 호주머니
3. 뒤란의 봄
4. 더 붉은 엽서
5. 그리움아

순복음영산신학원 졸업(전도사)
대한문학세계 시 부문 등단
(사)창작문학예술인협의회 회원
대한문인협회 서울지회 정회원

〈공저〉
대한문인협회 서울지회 동인문집
〈들꽃처럼 4집, 5집〉
박영애 시낭송 모음 13집 〈기억으로 남는 시〉

공저 〈들꽃처럼 제5집〉

슬픈 날의 연가 / 윤만주

당신을
사랑하는
세월의 깊이만큼

이별의 아픔은
고독으로 그리움을 삼키는
슬픈 날의 연가입니다.

언제나
그러하듯
만월의 무등으로
스멀대는 나뭇잎의 노래

희미한
기억의 편린으로
흔들리는 형상의 부재는
발칙한 시간의 체온으로

당신의
연지볼에
보고 싶다 그리운
바람의 립스틱을 바릅니다.

* 연가(戀歌): 사랑하는 사람을 그리워하며 부르는 노래
* 만월(滿月): 가장 온건히 둥근달
* 편린(片鱗): 사물의 극히 작은 한 부분

마음의 호주머니 / 윤만주

빛바랜
기억의 저장고로
영원히 지울 수 없는
사무치게 그리운 얼굴
오늘도 새벽이슬 밟으며
태양을 머리 이고 함께 길을 걷습니다.

하늘과
땅 사이로
꽃비 내리고
영롱한 무지개다리를 놓으면

자박자박
들려오는 두드림 소리
보드라운 인기척에
청매실의 향으로 다가서는 당신의 호흡은
고독의 정원으로 꽃동산을 만듭니다.

창가에
우뚝 솟아올라
홀로 애처로운 그리움
바람의 신작로를 따라 가로수를 누비면
살며시 포개진 마음의 호주머니
당신의 얼굴 있습니다.

뒤란의 봄 / 윤만주

못다 핀
꽃잎을 접고
천상의 길을 따라
더없이 자유로운 영혼

보낼 수 없어
더 아픈 마음으로
목 놓아 그리움을
접어가는 백팔 플랫폼
바람의 눈물처럼 흙비에 젖습니다.

사나운
계절에도 결코
떨어지지 않는 뒤란의 봄
시들지 않는 향기로
당신의 발바닥에 꽃물을 들입니다.

* 백팔(百八): 인간이 지닌 번뇌의 수

더 붉은 엽서 / 윤만주

계절의 옷을 갈아입는 탈의실
두툼한 외투를 벗어두고
상큼한 옷차림 길 위를 걷는다.

보시시 한 바람결
벌판을 스쳐 가면
건조한 겨울
때 묻은 허물을 벗고
나른한 춘곤증 연두색 초원을 꿈꾼다.

봄의 문턱으로
마중 나온 그리움
홍조 띤 얼굴에 진갈색 머플러
외로운 찻잔에 설렘을 풀면
독대의 유대감 장성을 이루고

햇살 고운 빛 내림
서산으로 낙조가 지면
발그레한 저녁노을 더 붉은 엽서
그리운 임 초대하고 별빛 고운 만찬으로
밤 지새워 사랑을 노래하리라.

그리움아 / 윤만주

얼음장 밑으로
숨어 우는 그리움아
꽃바람 개벽으로 동이 트거든
버들개지 손을 잡고 임 마중 가자.

먼 길 돌아
장천 육백 리
날지 못한 그리움아
새악시 치맛자락
회오리에 머리 풀면
제비꽃 손을 잡고 임 마중 가자.

볼 수 없고
가지 못해
늙지 못한 그리움아
산천 두릅 비를 먹고
산나물에 댕기 풀면
복사꽃 손을 잡고 임 마중 가자.

날 저문 침실로
잠 못 드는 그리움아
청개구리 짝을 짓고
밤 지새는 호곡 소리 여울목에 목이 쉬면
은하에 쪽배 띄워 임 마중을 가자꾸나.

시인 이정원

목차
1. 봄꽃 신부
2. 영산홍의 계절
3. 라벤더꽃
4. 장미꽃 열정
5. 제주도의 밤

경기도 고양시 거주
대한문학세계 시, 수필 부문 등단
(사)창작문학예술인협의회 회원
대한문인협회 경기지회 정회원
경기도 물리치료사협회(KPTA) 정회원

〈수상〉
2023,2024 한국문학 발전상
2022 한국문학 예술인 금상
2021 한국문학 베스트셀러 작가상
2019 대한문학세계 신인문학상
대한문인협회 이달의 시인, 금주의 시, 좋은 시 선정
2020 유화로 보는 명인명시선 선정
2021~2025 5년 연속 명인명시 특선시인선 선정

〈저서〉
시집 "삶의 항로"

〈공저〉
대한문인협회 경기지회 동인시집 제3집 "별빛 드는 창"
유화로 보는 명인명시선, 현대시와 인물 사전
2021 시낭송 모음집 "명시 언어로 남다"
2022 시낭송 모음집 "명시 가슴에 스미다"
2023 시낭송 모음집 "시 한 모금의 행복"
2024 시낭송 모음집 "기억으로 남는 시"
2021~2025 명인명시 특선시인선

시집 〈삶의 항로〉

봄꽃 신부 / 이정원

이 좋은 날
축복이 가득한 날
그대와 손잡고
사랑의 눈빛 주고받으며
마음껏 사랑을 속삭이네

그대 사랑스러운 마음에
구름처럼 떠다니며
자유와 사랑을 누리고 싶어

봄꽃 신부 나의 사랑이여
행복하자 우리
우리 마음 깊고 깊을 거야
당신을 사랑합니다.

영산홍의 계절 / 이정원

벚꽃이 제 몸뚱어리 희생해
꽃비로 상춘객들 기쁨 되고
아름다운 봄날
영산홍의 계절이 왔습니다

많고 많은 봄꽃 속에서도
붉은색 순결한 흰색
때로는 고운 분홍색의 화려한 자태

영산홍의 마법 같은 봄의 계절
아파트 화단에 옹기종기 모여
사랑스러운 향기로 유혹합니다

그대여
봄의 짧은 순간에도
향기로운 시간은 영원하길 소원합니다.

라벤더꽃 / 이정원

소낙비가 내린 산등성이에
보랏빛 유혹의
라벤더 꽃이 물들었다

향긋한 라벤더 꽃내음 속에
아련한 그리움이 스며들고
흠씬 젖은 라벤더 꽃이
나에게 속삭인다

자욱한 안개 넘어
산에서 들리는
깊고 웅장한 메아리는
인생의 울림 되고

라벤더 보랏빛 옛 추억
라벤더 꽃을 바라보며
오늘도 힘을 내어본다.

장미꽃 열정 / 이정원

용광로 같은 장미꽃 심장이
초여름 소낙비에 식어버렸나

붉게 물들었던 오월의 열정
곱게 피었던 한 떨기 꽃잎이
발끝에서 뒹굴고 있다

찬란했던 기억을 머금은
장미꽃 열정은 사그라지는 듯하나
잠들어 있던 시인의 혼이
살포시 핀 시어 한 소절에
다시 깨어난다

폭염으로 무더운 낮 더위
소낙비와 열대야의 계절 유월
순금의 언어로
뜨거운 문학의 숨결 속에
시인의 길을 오롯이 걸으련다.

제주도의 밤 / 이정원

제주 탑동 해안로에
해가 질 무렵
수평선을 붉게 물든 바다에
그리움이 잠들어 있다

제주 공항에 착륙하는 비행기
붉은 노을이 환영 인사를 하고
항구에 등대는 멀찍이 나와 반긴다

제주 탑동 해안로 저녁 풍경
나도 모르게 감탄사가 나온다

아름다운 시간이 흐르고
잔잔한 파도 소리가
깊은 수면의 자장가 되어
고된 육체도 스르르 잠든다

제주도의 밤이
천천히 아주 천천히
고이 잠든다.

시인 이환규

목차
1. 제천에 가면
2. 오월의 약속
3. 어머니의 밥
4. 요양원 면회
5. 연리지 부부

아호 : 상림(常林)
안양시 거주
대한문학세계 시, 수필 부문 등단
(사)창작문학예술인협의회 회원, 대한문인협회 정회원
시를 꿈꾸다. 문학 어울림 문학회 회원
현) 2020 ~ 대한문인협회 상벌위원장

〈수상〉
근정훈장, 국무총리 표창(수장)
모범공무원 선정(국무총리)
행정안전부 장관 표창
2019 향토 문학작품 경연대회 금상
2019 10월 3주 금주의 시 선정
2019 한국문학 올해의 시인상
2020 짧은 시 짓기 전국 공모전 동상
2022 짧은 시 짓기 전국 공모전 장려상
2022 향토 문학작품 경연대회 대상
2024 1월 첫 주 금주의 시 선정
2025 신춘문학상 장려상
2025 짧은 시 짓기 전국 공모전 동상

〈저서〉
시집 [내 젊음 아는 당신]

시집 <내 젊음 아는 당신>

제천에 가면 / 이환규

제천에 가면 곰 같은 친구가 있다
이웃으로 살다가 친구가 되었고
고향으로 돌아간 친구

그런 친구가 아내를 먼저 보내고
긴 세월 홀로 살다 재혼했다
천생연분
어찌 그렇게 닮은 사람을 만났는지

말은 투박하고 거칠어도
아이처럼 금방 미안해 잘못했어! 한다

몇 년 전 수해로 생사를 같이했고
산사태의 흙구덩이를 헤치고 나와
불편한 몸이지만 시골살이를 하고 있다

술을 좋아하는 친구는
친구가 가면 반가움에 술잔을 기울이고
술 한 잔에 읊조리는 "잘 먹고 잘살자" 건배를 한다

벽걸이 액자에는 가훈처럼
"잘 먹고 잘살자"가 걸려 있다.

오월의 약속 / 이환규

개나리 벚꽃이 소리 없이 피었다
화려한 봄날의 소임을 다하고
자리를 내어준다

5월의 바람이 숲에서 불어오면
향기로운 속삭임에 마음이 어지럽다

치렁치렁한 아카시아꽃
바람에 그네를 타면
순백의 소녀가 웃음을 짓는다

꿀벌의 날갯짓에 그늘에 모여 앉아
아카시아 잎 하나씩 떼어내며
손가락 걸던 그때가 그리워진다.

어머니의 밥 / 이환규

겨울을 보내는 따뜻한 봄비가 내리고
땅 밑의 온기가 안개처럼 대지를 살짝 덮는 날
어머니는 부엌에서 솥밥을 지었다

솥뚜껑을 열면 뽀얀 밥 연기가
피어오르고
주걱으로 밥을 저으면 달콤한
쌀밥 냄새가 콧속으로 들어왔다

언제나 그랬듯
마당에서 뛰어놀던 아이는
밥 먹자는 부름에 이끌려
고봉밥 한 그릇을 비웠다

어머니의 밥 짓는 냄새가 그리워진다.

요양원 면회 / 이환규

바람이 콧등을 시리게 하던 날
요양원으로 어머니 면회를 간다

차가 막힐 염려도 없고
거리도 가까운데
그 길이 천 리 길이 될 줄이야

앙상한 몸 휠체어에 의지하고
자주 오지 않는다며 서운해한다

코로나로 면회가 금지되었다고
애써 변명을 해 보지만

움푹 들어가 글썽이는 눈은
집으로 가고 싶다고 말하고 있다.

연리지 부부 / 이환규

그리 잘 나지도 않은 체구에
작은 키
언제 어디서 보아도 익숙한
모습은 바로 당신입니다

서로 다른 환경에서 자랐지만
보이지 않는 힘에 이끌렸고
나의 젊은 시절을 기억하며
함께한 유일한 사람

긴 시간만큼 크고 작은
시련들이 있었지만
무거운 짐 내려놓고
인생 2막을 준비하며

나를 가장 잘 아는 당신과
둘이 하나 되어
같은 시간 속을 살아가는
당신이 있어 든든합니다.

시인 전경자

목차
1. 승리의 깃발
2. 소박한 봄비
3. 소등해버린 밤
4. 동행
5. 바람

[2020년] 한국문학예술진흥원 :
　　　　　코로나19극복 최우수상
[2021년] 한국문학 올해의 작품상
[2022년] 한국문학 예술인 금상

[2023년]
한국문학 경기지회 향토문학상 동상
짧은 시 짓기 금상
대한창작문예대학 졸업 작품 경연대회 동상
문예창작지도자 자격 취득
한국문학 올해의 우수작품상

[2024년]
신춘문학상 장려상
시정일보 서울시민문학상
한국문학 올해의 시인상

〈저서〉
제1시집 [꿈꾸는 DNA] (2021년)
제2시집 [황혼에 키우는 꿈] (2023년)
제3시집 [꿈 다시 꾸어봐도 될까] (2025년)

제3시집 〈꿈 다시 꾸어봐도 될까〉

승리의 깃발 / 전경자

정결한 마음 한 조각
인생 황혼의 시간을 바꾸어 놓으니
시 한 편이 탄생한다

엄마인 나는 학생으로
딸내미는 학부모로 신분이 바뀌어
보호자가 되어 서류에 사인하고
나를 돌보고 있다

대학교 입학을 준비하면서
미지의 세계로 옮기는 발걸음
참 행복하다

드디어 기다리고 기다리던 입학식 날
보호자가 된 딸내미가
눈과 코끝을 자극하는
프리지어 꽃다발 한 아름 안고
함박웃음 지으며 축하하러 왔다

참! 세상을 바꾸어 살아도 살만하다.

소박한 봄비 / 전경자

예쁜 꿈을 꾸는 소박한 촌집 마당에
녹슬지 않는 시간
초록 머리 위로 꽃비가 내린다

흐르는 물줄기 속에 버티고 서 있는 제비꽃
허물어져 가는 일자집 담장 넘어
흐드러지게 핀 개나리꽃
손에 닿을듯한 파란 하늘과
묵은 짐을 벗어 던진 목련꽃
빛을 잃은 하늘 먹구름이 소나기 되어 내린다

후두두 달려드는 빗소리에 귀를 쫑긋
알 수 없는 미묘한 감정들이 미스터리한
늙지 않는 세상에
나는야 백발이 되어 버렸다.

소등해버린 밤 / 전경자

싸리문 담장 너머 가마솥 불덩이 비명을 지르고
내일은 없을 것 같은 날들
하얀 머리 풀어 헤치고 먼지처럼 사라진다

슬레이트 지붕골 따라 꽁꽁 언 고드름
종일토록 바람에 시달리고
하루해를 곱다시는 기나긴 하루

우윳빛 속살에 꽃피웠던 사랑
하늘을 날던 물 찬 제비별을 쪼아대는 까만 밤
일찌감치 소등해버린 호롱불의 정지된 시간

활활 불덩이로
웃고 있는 가면 속의 영혼
두 팔 벌리고 파랗게 웃고 있다.

동행 / 전경자

숱한 풍파에 삐걱삐걱 바투 잡은 고통
무엇을 이루려고 손을 불끈 쥐고
달음박질했을까

그 섬긴 마음이 그림자 되어 나를 울린다
루피의 추억
동행하자고 했던 침묵의 지난날들

하얀 눈보라 속에서
잊어버린 너의 발자국에
얼음꽃이 피었다

너를 사랑했던 날들 진짜 사랑이었나 보다
가고 없는 귓전에 사각사각
소리가 들려 발걸음이 멈춘다.

바람 / 전경자

희망의 촛불을 켜 놓고 혼신을 다해
기도하는 어미의 간절한 소망을 담은
하루는 긴 시간이었다

꿈을 꾸며 기다릴 때
젖은 눈물로 태우던 촛불의 불빛도
하루의 운명이 천년은 묵은 것 같다

침묵할 수밖에 없었던 소중한 시간
숨이 막힐 듯한 두려움과 고통 속에서도
너를 위한 간절한 마음은 한 줄기 빛이었다

추억은 눈을 감아도 가슴에 남아
전설처럼 나를 기억하고
내일이 오는 길목에서 너를 초대하여
국화꽃 향기를 마신다.

시인 전남혁

목차
1. 교실 아이들
2. 고별
3. 유년의 유월
4. 급똥
5. 맨손 조각가

전북 변산 거주
대한문학세계 시 부문 등단
(사)창작문학예술인협의회 회원
대한문인협회 전주전북지회 지회장

2020년 1월 변산 지역 귀촌
서울디지털대학 문예창작과 재학
대한문인협회 금주의 시, 이달의 시인 선정
2021 한국문학 올해의 작품상

〈저서〉
제1시집 [바람과 구름과 시냇물의 노래]
제2시집 [패, 牌를 보이다]

제2시집 〈패, 牌를 보이다〉

교실 아이들 / 전남혁

까르르까르르
아이들이 웃고 있어요

시끌시끌 떠들 땐
선생님 귀따갑지만

쿵쾅쿵쾅 까르르 시끌시끌
까만 눈동자 굴러가는 소리도
들리는 듯해요

귀가 열리면 부딪히고 반짝여서
구슬 같은 동요가 됩니다

고별 / 전남혁

날 미워할 이유를 찾지 못했어요
뜨겁게 흐르다 굳은 용암처럼
그대 움직이지 않네요

끝내 가시렵니까
그래요, 내 애간장까지 잘라 가세요

얼른 가세요
돌아보지 말고

그래도 먼 훗날 후회되거든
접힌 세월 펴 드릴게요

접혀있는 동안
계곡물에 구르는 돌처럼 있을게요

유년의 유월 / 전남혁

유월이 오면
낡은 광목천 움푹 패게
허리에 두른 엄마 손잡고
가죽만 남은 젖 춤 올려다보며
수확 끝낸 보리밭으로 간다

검정치마 흰 저고리가
풀잎 다독인 바람에 나풀거리고
보릿고개 넘어가도
우리 집은 넘지 못해

손에 찔려 아플 것 같은 보리 이삭
엄마의 손 따라 허기진 보자기에
드문드문 눈으로 담던 시간

급똥 / 전남혁

마라톤 대회에 만여 명이 참가한 군민 운동장
대소변으로 워글거리는 남자 화장실
한쪽 대기 중인 줄에
소년 하나 염치를 헤치며
화장실 문을 급히 두드릴 때
두 다리는 꽈배기처럼 꼬였다

나올 것 같아요
막 들어 왔는데요, 힘주고 있을 남자가 톡 뱉는다
십여 초가 지났나. 점거하던 그가 문 열고 나오며
여운 남긴 탄식을 했다. 아씨!

맨손 조각가 / 전남혁

당신들의 손은 신을 대신한 조각가입니다
당신들에 의한 작품은 세상 깊은 곳이나 먼 곳에
당신을 숨기려 했던 겸손한 흔적이 드러나기도 합니다.

당신들은 한 쌍이 되어 공동 작업하면서
혼자일 때도 인간의 마음을 깎아내어 글씨를
새기게끔 합니다.

풀잎과 나무를 단련시키고 지난한 끝에 달콤함도
가져다줍니다.

먼 조상이었던 태양을 모시고 늘 파헤치는 것을
덕목으로 삼는 인간에게 혼쭐을 내기도 합니다.

수수만년 굳은 바위를 수수만년 서두름 없이
한낱 로댕의 조각보다 위대한 형상으로 남겨줍니다.

* 파카도피아 지음

시인 정기성

목차
1. 흐르지 않는 강
2. 그루터기
3. 바람개비 사랑
4. 상사화
5. 돌아갈 수 없는 사랑

전남 무안군 일로읍 거주
전) 중·고등학교 교사
현) 솔빛식물원 운영
대한문인협회 시 부문 등단(2022년)
(사)창작문학예술인협의회 회원
대한문인협회 광주전남지회 정회원

2022 대한문인협회 '별이 된 아이들'로 등단
2023 한국문학 올해의 시인상 수상 외 다수
2024 '춘사(春詞)'로 대한문인협회 신춘문학상 금상 수상
2024 한국문학 올해의 시인상 수상
2025 우리말 시 짓기 전국 공모전 은상 수상

〈공저〉
2023 광주전남지회 동인문집 '세월을 잉태하여 3집'
2024 기억으로 남는 시(박영애 시낭송 모음 13집)
2024 2025 명인명시 특선시인선

〈운영하는 커뮤니케이션〉
☆유튜브 : 정기성 문학TV
☆유튜브 : 솔빛식물원
☆페이스북 : 정기성
☆홈페이지 및 네이버 블로그 : 솔빛식물원(http://solbit.net)

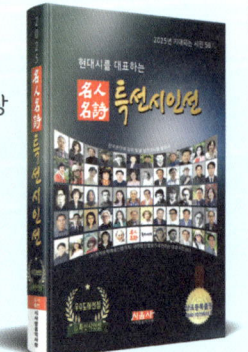

공저 <2025 명인명시 특선시인선>

흐르지 않는 강 / 정기성

흐르는 물이 강이 된다지만
멈춰 선 물가에서
나는 처음으로 강을 보았다
바람은 지나가고
햇살은 묵빛 번짐으로
물을 쓰다듬는다

흐르지 않는 강물 위에
얼굴을 비워본다
흐름이 사라진 자리에
박힌 돌들이 제 이름을 드러낸다
모난 채 깎여도 사라지지 않던 결들
침묵 속에서도 인내하던 날들

멈추어야 들리는 소리도 있다
그제야 생기는 울림이 있다
침묵보다 더 깊은 소리
흐름보다 더 먼 여정

삶은 달리는 것이 아니라
멈추어 가라앉는 순간마다
나를 지탱한 디딤돌들이
물 아래 누워 있었다

강은 여전히 흐르지 않는다
그 고요 속에
내가 조금씩 깊어질 뿐이다

그루터기 / 정기성

말없이 잘려 나간 것들은
언제나 중심에 있었다

그늘도, 새의 첫울음도
모두 그 위를 떠돌다 사라졌다
남은 건 다만
물기를 잃은 나이테
비에 젖은 결 속을
지워진 기억의 바람 하나
나는 더 이상 나무가 아니었다

그러나 뿌리는 매일 부재를 들이켰고
그것은 어느새
눅눅한 어둠이 되어 침묵으로 덮었다
밤이면
가지가 머물던 자리 위로
시간이 허공을 더듬었다
아무도 오지 않았지만
나는 자주 스치는 기척을 느꼈다

그러다 어느 봄날
오래 묵은 침묵의 틈에서
실핏줄 같은 초록이
조용히 몸을 일으켰다

이별도 때로는 자란다
단단한 상처의 연륜으로
나는 잘려있으면서도
다시 한번 수액을 꿈꾼다

바람개비 사랑 / 정기성

골목 끝 작은 언덕 위에
내 마음 꽂은 바람개비 하나
네가 올까 기다리는 날들
돌고 돌아 내 사랑만 맴돌아

바람 따라 너를 따라
돌고 도는 바람개비 사랑
잡힐 듯이 멀어지는 너
가슴만 적시는 그리움의 노래
잊지 못해 바람개비 사랑

하루 또 하루가 지나가도
내 마음은 늘 그 자리에 있죠
웃는 모습 한 번만이라도
바람처럼 다시 내게 와 줘요

바람 따라 너를 따라
돌고 도는 바람개비 사랑
가버린 널 탓하지 않아
떠난 그대가 그리울 뿐이죠
돌아와요 바람개비 사랑

그대 이름 바람에 실어
저녁노을 끝에 띄워 보내면
지워진 줄 알았던 마음
달빛에 젖어 다시 피어나네

상사화 / 정기성

봄비 스치던 날
그대 웃음꽃 피었네
내 마음 잎새는 푸르게 돋았건만
계절 몇 번 바뀌어 꽃잎 질 무렵
내 그리움 잎새 홀로 지네
어찌하여 하늘은 우리에게
꽃과 잎 같은 운명 주었나
서로 다른 시간 속에 피고 지는
애달픈 그림자여

옛 절터 스미는 저녁 노을 아래
동자승의 염불 소리 사무치네
그를 따르던 여인네 깊은 눈물 자국
그 자리에서 피어난 이 꽃잎
생전에 못다 한 간절한 사모함이
이리 슬픈 붉은 빛으로 물들었나
꽃과 잎 서로를 애태우며
천 년을 기약하는가

가슴에 심은 상사화 씨앗
눈물로 키워낸 핏빛 그리움
그대 꽃 피울 때 나는 잎사귀
내 잎 돋을 때 그대 꽃 시드니
닿을 수 없는 곳에 피어
한으로 물든 상사화야
보고 싶다 백 번을 불러도
바람만 소리 없이 돌아오네

세월의 더께 쌓여 길은 흐릿해도
그대 모습은 지워지지 않네
이 생의 끈 놓아 다음 생 오면
그때는 부디 함께 피어나리

돌아갈 수 없는 사랑 / 정기성

노을 진 들녘을 홀로 걸으면
바람 끝에 당신이 묻어나네
발끝에 스미는 지난날들이
저물녘 햇살처럼 물들어 오네

손을 뻗으면 닿을 듯한데
당신은 강물 건너 저 멀리
흐르는 구름 따라 멀어져 가네
나는 아직도 그 자리에 머무는데

밀려오는 어둠이 세상을 지워도
당신의 그림자는 지워지질 않고
밤하늘 빛나는 초롱별처럼
더욱 또렷하게 다가오네

돌아갈 수 없는 사랑아
다시는 만날 수 없는 사람아
손을 흔들어 보내야 하는데
나는 아직도 못 보내고 서성이네

들녘을 스쳐 부는 바람이
아직 못다 한 말을 전해 줄까
정말로 당신을 사랑했다고
당신을 사랑했기에 행복했다고

저물어 가는 노을 그림자 속에
당신 웃음 한 조각 머물다 가네
언젠가 그대 마음에 길이 열리면
꿈속에서 한 번쯤 피어나기를

시인 정병윤

목차

1. 된장이 익어가는 시간처럼
2. 돌탑
3. 실타래를 푸는 밤
4. 매듭의 자리
5. 장꼬대

서울 거주
대한문학세계 시, 수필 부문 등단
대한문인협회 정회원
(사)창작문학예술인협의회 회원
대한창작문예대학 졸업
문예창작지도자 자격 취득

〈수상〉
2024 신춘문학상 공모전 대상
2023 한국문학 올해의 시인상
2023 순우리말 시 짓기 공모전 동상
2023 대한창작문예대학 졸업 작품 경연대회 은상
2023 신춘문학상 공모전 동상
2021 한국문학 올해의 시인상

〈공저〉
2025 명인명시 특선시인선 외 다수

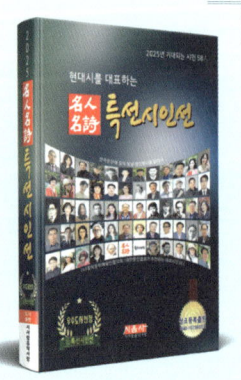

공저 <2025 명인명시 특선시인선>

된장이 익어가는 시간처럼 / 정병윤

기다림을 사라
장독 안 맛의 길
손끝의 정성이
소리로 익어간다

소리에 귀 기울이면
인내의 하소연에
햇살이 온기를 더하고
맛의 숨결은 뽀골뽀골 속삭인다

소리 없는 장독 속에서
시간은 숨을 쉬고
햇살과 바람은
맛의 기억을 빚는다

참숯처럼 타들어 간 마음
된장 속에 스며든 손길
그 인내의 온기가
어머니의 삶을 우려낸다

뽀골거리는 순간마다
여느 산새가 짖는
노동의 노래처럼
그 수고의 음률이
맛의 언어로 옷을 입는다

소리 없는 장독 속에서
시간은 숨을 쉬고
익어가는 기다림이
언어처럼 조용히, 깊게 스며든다

돌탑 / 정병윤

쌓아 올린 돌 아래에서
삶의 무게를 견디며
하늘을 올려다보았다

달구비가 때리고
센바람이 흔들고
뙤약볕에 그을려도
말없이 버티며 그 자리를 지켰다

누군가는 작고 무딘 돌이라 했지만
나는 알고 있었다
내가 없으면 애쓰게 쌓아 올린 돌이
무너진다는 것을

오늘, 바람이
내 머리를 쓱 쓰다듬고 지나갔다
그 손길에 처음으로 마음이 울었고

하늘만큼이나
넓고 푸른 꿈은
시나브로 쌓아 올린 마음처럼
옹골진 노래였다

실타래를 푸는 밤 / 정병윤

엉킨 실타래를 앞에
두고 나는 숨을 고른다

무엇이 먼저였는지
어디서부터 꼬였는지
알 수 없기에
그저 한 올씩, 조심스럽게

손끝에 닿는 매듭마다
한숨이 묻어나고
풀리는 결마다
잊고 있던 기억이 피어난다

서두르면 끊어지고
억지로 당기면 더 엉키는 것
그래서 나는
고요 속에 손을 얹고
침착한 마음으로 매듭을 푼다

밤은 깊어져 가고
엉킨 실이 조금씩 풀려간다
풀린 자리엔
상처가 아닌 이해가 남는다

매듭의 자리 / 정병윤

가만히 마음을 더듬다
손끝에 닿은 실 하나
그 끝에 너의 이름이
조용히 매달려 있었다

풀린 실 끝에 남은
작은 매듭 하나
그건 풀지 못한 감정이 아니라
남겨두기로 한 기억이었다

너를 향해 가던 마음이
너머를 알지 못해
멈춘 자리
그곳에 매듭이 생겼다

나는 그 매듭을 풀지 않고
조용히 어루만진다
그것이 너와 나 사이를
묶어주는
동아줄 같은 마음이기에

잠꼬대 / 정병윤

모기 한 마리가
오늘 하루 내 울음을
생각하는 밤

가시처럼 찌르는 모진 말에
그저 살아야 했기에
몸살로 넘겼다

외로움을 받아주던 일기장이
늦마에 젖어
한없이 울 때

모지랑이 지갑 속에
옛 사진을 꺼내
그리운 어머니를 소리쳐 불렀다

아무리 불러도
하늘 깊숙이 멀어져만 가는
옹알이 같은 소리

천둥이 가위눌린 심장을
흔들어 깨운 뒤
한 줄기 별빛이 포근함 나르는데

하늘 같은 어머니의
따뜻한 손이
내 두 손을 감싸고 있다

시인 정상화

목차
1. 겨울나무
2. 길거리 기도
3. 머물지 않는 향기
4. 순간의 추억
5. 모정

아호 : 봄결
울산 울주 배내골 출생
시인, 수필가
전) 부산 한샘학원 강사(국어)
대한문학세계 시 부문 등단
(사)창작문학예술인협의회 이사
대한문인협회 울산지회 정회원

〈수상〉
2016년 한국문학 베스트셀러 작가상
2017,2018,2019,2020,2021
명인명시 특선시인선 선정
2017 한국문학 우수 작품상
2018 한국문학 올해의 최우수 작품상
2019 한국문학 예술인 금상
이달의 시인, 금주의 시, 좋은 시, 낭송시 선정
2021년 한국문학 올해의 작품상
2022년 한국문학 예술인 대상
2024년 한국문학 문학대상

〈저서〉
제1시집 "스스로 피어짐이 아름다운 것을"
제2시집 "산다는 것은 한 편의 詩"
제3시집 "그러하더라도 사랑해야지"
제4시집 "아름다운 인연을 만나는 것은"
제5시집 "곱게 물들었으면"
제6시집 "바람처럼 살고 싶다"

제6시집 〈바람처럼 살고 싶다〉

겨울나무 / 정상화

옷 벗은 움츠린 몸으로
숨조차 쉬지 않는 새벽
한 줌 온기를 기다리네

화려했던 지난 삶
또 다른 기다림이란 이름으로
매무새를 만지는 도도함

손발이 저려와도
봄의 희망을 품은 채
입술 앙다문 저 처연함

때론 흔들리고
때론 부러져도
삶의 희망 곧추세우고
길고 긴 여운 남기며 살라 하네

바람이 마당을 쓸고
꽃 피우는 봄날이 오면
삶이 아름다웠다고 웃겠지

길거리 기도 / 정상화

길 걷는 가슴에
뒹구는 낙엽이 들어와 서걱인다

언양장 노점 할머니
목도리로 얼굴을 감싸고
지나가는 행인을 애절하게 바라보네

저 할머니도 젊은 날
고운 얼굴 꿈 많은 시간도 있었지
한 몸 가누기 힘든 순간
도라지 껍질을 벗긴다

가던 길 돌아
"할머니 도라지 주세요"
검은 봉지에 담긴 도라지가 웃는다
12월,
따스한 사랑으로 채워주소서

머물지 않는 향기 / 정상화

마당 한켠 라일락
스무 해 동안 집안 가득 향기로
새벽 목욕 즐긴 시간의 행복
눈 맞춤하며 보낸 삶의 순간

시름시름 앓던 나무 반은 죽고
반만 꽃 피웠네
꽃이 아프면 흙이 병든 걸까
거름을 주어도 효과가 없네
관심 없는 사랑은 죽은 사랑

터진 가슴 몽실몽실 흔들며
가늘게 흩어지는 향기가 슬픈데
삐져나온 새순에 희망을 걸라하네
피고 지고 피고 지는 자연

4월을 기다리게 했던 꽃의 미소도
기억 속에서 지우라 하네
우리네 삶도 한세상 흔적 없는
침묵으로 그렇게 잠드는 거야
너나 나나 잠시 머물다가는 건데
아웅다웅할 게 뭐 있어

순간의 추억 / 정상화

긴 세월
침대에 누워 계신 어무이
혼자 말로 중얼거리시네

순간순간 현실을 지워버리고
과거 붉은 순간 추억을 토해내며
애기처럼 웃고 계시네

젊은 시절
물동이 이고 가는 뒤태 쫓던
총각 눈총에 가슴 도리질한 순간일까

누구나 청춘이 있고
누구나 아름다운 순간이 있고
누구나 꿈 많은 시절도 있었으니

머물고 싶은 순간에 누워
웃고 계시는 걸까

모정 / 정상화

285일
소중한 생명 품어
처음 세상 빛 보는 순간

세포 하나 털 한 올까지
살을 깎아 키워낸 생명
마지막 울음이 터지고
뒤돌아 송아지 핥는다

환희의 순간
감각적으로 젖을 무는 새끼
어미소 이빨 뽀도독 거리며
눈물까지 흘리네

우리
단 한 번이라도 사랑을 위해
저렇게 참아본 적이 있었던가
송이지 목을 타고 흐르는 울림
한 생명의 삶이 열린다

시인 정승용

목차
1. 겨울 해바라기
2. 헤어지는 중입니다
3. 아픈 손가락
4. 궁상
5. 민초

서울 청운동 출생
대한문학세계 시 부문 등단
(사)창작문학예술인협의회 회원
대한문인협회 경기지회 정회원

〈수상〉
짧은 시 짓기 공모전 대상
우리말 시 짓기 공모전 대상
대한문인협회 한국문학 발전상
대한문인협회 경기지회 향토문학상 금상
이달의 시인 선정
금주의 시 선정

〈저서〉
시집 [어른 이미지詩 늦게 배운 도둑질]

시집 <어른 이미지詩 늦게 배운 도둑질>

겨울 해바라기 / 정승용

그날
그 여름밤 몸짓이 아니더라도
소나기는
겨울에도 올 수 있을 테죠

겨울밤은
지랄맞게 길고 길 테니까요

만약에, 만약에 말이에요
당신 옆에
내내 꽃으로 필 수 있다면
겨울꽃도 괜찮을 것 같긴 해요

다만,
무르기는 없어야 할 거예요

애먼 겨울 탓하지 말아요
깊은 밤 자다가도 일어나
당신 등 가려운 곳은
긁어주겠다고 약속할게요

당신 해바라기는
겨울에도 한결 같은 꽃이니까요

헤어지는 중입니다 / 정승용

하루 종일
당신 생각을 했어요
업무 시작 전에
커피 대신
몸에 좋은 걸 마셨길 바라듯
출근 전에 아침은 챙겼는지
공복은 아니길 걱정했어요
집착이라고 하지 말아요
그건
염려라고 하는 거니까요

알아요
헤어지는 중이라는 걸요

밤새
당신을 기다리다 자요
퇴근 후에도
당신은 여전히 바쁜가 봐요
전화 한번 해줄 짬을 못내
속상했을 당신 생각에
나도 우울했던 밤이었어요
미련하다고 하지 말아요
그건
사랑이라고 하는 거니까요

알아요
버려지는 중이라는 걸요

아픈 손가락 / 정승용

그래요 당신이 먼저 가세요
나는 조금 더 있다 갈게요
난 정말 괜찮은데
내 가슴이 좀 아픈가 봐요

시작이 있었으니
끝도 있는 게 맞을 테지만
사랑은 늘
내 아픈 손가락 같거든요

어쩌면 우린 둘 다
뭔 일낼 것처럼
짧고 굵게 몰아치다가는
국지성 비였나 봐요

웃으라고 강요하지 말아요
아픈 건 아픈 대로
슬픈 건 슬픔대로
모두 다 내 것일 테니까요

처음부터 어떻게 맞겠어요
욕심을 내려놓고
하나씩 하나씩
서로에게 맞춰가는 거죠

그래요 하나만 알고 가세요
또 사랑이란 걸 하실 때는
참는 걸 배워두세요
사랑은 참는 거니까요

궁상 / 정승용

별을 헤아리다
동주의 詩 한 구절이 떠올라
숫자를 헷갈려 할 때
울 집 아낙이 말했었다
별처럼 저리 딱 붙어살자고

그렇게 완벽한 노후 같았는데
어느 봄날
마을 여편네들 따라
꽃구경 가던 날부터
뒷전으로 밀리기 시작했다

소월의 詩는 기역 자임을
온 국민이 다 알고 있는데도
현장을 다녀온 것처럼
겨울은
뒷방으로 먼저 오는듯했다

마눌님께서
오늘도 늦게 올성싶어
라면을 끓이다
아예 자리를 잡았다
술이 죽던지 내가 죽던지

민초 / 정승용

손톱만 한 고동도
세상,
게을러 보이는 민달팽이도
집 한 채씩은 짊어지고 산다는데

나는 이 나이에
나잇값도 못하고 사는 듯
뻐꾸기처럼
평생,
남의집살이만 하고 있다

제대로 허리 한번 못 편 채
경주마들처럼 죽어라
뛰어다니고 있어도
집값은,
훨훨 날아다니고 있으니 말이다

앉을 자리는커녕
콩나물시루 같은 출근길
패잔병들 처진 어깨처럼
삭힌,
파김치 같은 퇴근길마저

몸은 힘들고 불편하지만
그나마 다행인 것은
올곧게 살고 있는 터라
꼴값 못하는 놈들보다는
부끄럽지 않다는 것이다

당신의
현주소는 어디십니까

>> 박·영·애·시·낭·송·모·음·집

시인 정연석

목차
1. 세월의 강을 건너며
2. 서글픈 중년의 회고
3. 세월아 혼자 가거라
4. 송지호 해변에서
5. 호국영령이 지켜본다

강원도 횡성
원주고등학교
청주대학교 행정학과
연세대학교 공학대학원 (공학석사)
한국교통대학교 박사과정 (경영학) 수료

정보통신부, 우정사업본부, 우정공무원교육원,
서울강서우체국장
㈜ 포스토피아 부사장

대한문인협회 시인 등단 (2021)
대한문인협회 베스트셀러상 (2022)
대한문인협회 수필작가 등단 (2023)
대한문인협회 순우리말 시 짓기 동상 (2023)
대한문인협회 한국문학 올해의 시인상 (2023)
대한문인협회 신춘문학상 동상 (2024)
대한문인협회 제12기 문예대학 은상 (2024)
대한문인협회 한국문학 예술인 금상 (2024)

〈저서〉
아침에 시를 만나는 행복 (시집, 2022)
가던 길 잠시 멈추고 (수필집, 2017)

시집 〈아침에 시를 만나는 행복〉

세월의 강을 건너며 / 정연석

세월은
강을 건너는 나룻배
인생은
먼 길 떠나는 나그네

사공에게 몸을 맡기면
강을 건너는 나룻배는
잠시도 멈출 줄 모른다

멋진 풍경을 만나면
쉬어가자 말을 걸어도
사공은 아무런 말이 없이
세월의 강을 건넌다

목적지는 정해졌건만
도착시간은 언제일까
안개 속 세월의 강에는
오늘도 불안한 침묵이 흐른다

서글픈 중년의 회고 / 정연석

세상에 태어나서
힘들게 달려온 세월
반백의 머리, 주름진 얼굴
세월의 때가 많이 묻었다

절망의 벽 앞에서도
든든한 가족의 울타리로
굳게 손잡고 의지하며
텅 빈 가슴을 채운다

열심히 살아왔다고
중년 벼슬을 받았건만
좌불안석 정상도 잠시
가파른 계단을 내려간다

어린 시절 진솔한 꿈도
젊은 날 가슴 벅찬 행복도
이제는 되돌릴 수 없으니
애잔한 회고의 시간 서글프다

세월아 혼자 가거라 / 정연석

세상에 태어나서
세월과 인연을 맺고
많은 시간이 흘러갔구나

나는 머물고 싶은데
너는 도망치듯 달아나니
이젠 따라갈 힘도 없어라

나의 마음을 모른 채
빠르게 달아나는 너는
급히 갈 사연이 있느냐

그동안 살갑게 정을 나눌
사이좋은 세월도 있었건만
점점 멀어지니 아쉽구나

큰 용기를 내어
다시 일어선다 해도
너를 따라가기 힘이 드니

세월아
너 혼자 가거라
나는 쉬엄쉬엄 갈 테니

송지호 해변에서 / 정연석

고즈넉한 해안에
하얀 파도가 밀려오고
연인들의 다정한 사랑이
파도를 타고 탱고를 춘다

혼돈한 세상을 모르고
파도는 노래를 부르건만
쓸쓸히 술잔 기울이는
나그네 마음은 소슬하다

해변에 어둠이 내려앉고
파도 소리 잦아들 때
여름날 긴 하루가 잠들면
성급한 내일이 시간을 재촉한다

내일도 해는 떠오르고
해변에 파도는 밀려오련만
세파에 상처 난 마음은
달랠 수 없으니 어찌할까

※ 송지호 : 강원도 고성군 죽왕면 소재 호수

호국영령이 지켜본다 / 정연석

낯선 전장에서 쓰러져
무덤도 없이 세월이 흐르고
나무로 만든 십자가에
철모만 덩그러니 걸려 있네

하늘 날던 새들
무심코 지나가다가
안쓰러워 내려앉은 비목

조국을 위해 싸우다가
선혈이 솟구쳐 멈춘 골짜기
이름 모를 풀섶에 누워
어느덧 70여 년이 흘렀구나

사랑하는 나의 조국
피를 나눈 부모형제도
사랑한 여인도 보고 싶구나

바람도 지나가다 멈추는
찾는 이 없는 골짜기에서
지켜보리라 대한민국을

>> 박·명·애·시·낭·송·모·음·집

시인 정찬경

목차
1. 청보리밭
2. 이 별
3. 대나무
4. 뻐꾸기
5. 코뚜레

대한문인협회 경기지회 정회원
2017년 대한문인협회 시, 수필 부문 등단
"시 자연에 걸리다" 시화 전시 6회 참가
부천 콩나물신문 편집위원 및 대의원 의장

공저 <삶이 물드는 순간들>

청보리밭 / 정찬경

멀리서 바라보면 푸른 잔디밭
고랑 사이 살랑이며 불어오는 초록 물결
고향의 향기를 마신다

봄바람에 노랑나비 날면
퍼런 알 옹골차게 여문다

한 움큼 베어와 모닥불 피워 놓고
이리저리 뒤집으며 태우던 기억
보릿고개 넘던 시커먼 손바닥

동무들과 숨바꼭질할 때
나를 숨겨주던 보리밭
그때가 생각난다.

이 별 / 정찬경

만남은 언제나 우연이고
헤어짐은 네모난 이유가 있다
더 이상 함께할 수 없다는 현실에
가슴 아프고 눈물이 흐른다

내 허물 뚜렷하여
떠나는 임 잡을 수 없고
그대의 인생 대신 살 수 없으니
언제나 결별은 잘 익은
수박 갈라지는 소리가 난다

고별은 새로운 길 찾아
떠나는 변화의 여정이다.

대나무 / 정찬경

한겨울 북풍에 이파리 요란하다
허리는 야위어 가고
바람 불면 휘어지는 가녀린 속내
쉽게 부러지지 않는다

사시사철 푸르다 하여
송죽으로 불리지만
아이들 회초리가 되고
선방 장군죽비
태평성대 노래하는
대피리가 되기도 한다

속은 비웠어도
키 크는 법을 잘 아는 듯
하늘 향해 쭉쭉 뻗는다

뻐꾸기 / 정찬경

엄마를 몰라요
아빠도 잘 몰라요
형제는 있어요
숙주 새끼들이에요

때가 되면 아빠가 부르는
노랫소리를 들어요
뻐꾹뻐꾹

날개가 자라면
나를 부르는 소리
길러 주신 은혜를 생각하며
가지를 박차고 날아갑니다

우리는 겨울이 오기 전
남쪽으로 날아가야 한대요

오늘 밤 우는 저 뻐꾸기
작년에 왔던 배은망덕
그놈이다.

코뚜레 / 정찬경

봄볕이 반사되던 날
힘든 일 묵묵히 수행하는 어미 소
인내와 끈기 밭갈이 나가면
태어난 지 몇 개월 안 된 송아지도
쫄랑거리며 따라간다

외양간 탈옥에 자유 만끽하며
산으로, 들로 이리저리 천방지축
동네 어귀를 돌아 멀리 달아나다
다시 와서 엄마 꼬리 잡는다

밭에 심은 작물도 깜짝이야!
놀라 쓰러지기도 한다

철이 없어서
코뚜레를 안 해서 그렇다.

시인 **주야옥**

목차
1. 고 정 하나가
2. 엄마는 별빛 타고 오시나요
3. 노래를 굴리는 아이들
4. 공부해요. 사랑하듯
5. 너의 이름 하나로

대한문학세계 시, 동화, 평론 부문 등단
참 소중한 당신 명예 기자 역임
(사)창작문학예술인협의회 회원
대한문인협회 인천지회 사무국장

〈수상〉
대한문인협회 짧은 시 짓기 대상
신춘문학상 대상
순우리말 글짓기 전국 공모전 금상, 대상
경인일보 글쓰기 특선, 좋은 생각 당선
중앙도서관 수기 공모전 당선
경인일보 손 편지 쓰기 우수상
「대한민국 독도 문예대전」 시부분 특선
보령해변시인학교 전국문학공모전 동상
에듀케어 수기 공모전 우수상
윤동주 문학상, 인천 지하철 공모전 당선
케이티 수기 공모전 당선, 허암예술제 당선
한국문학 올해의 작품상, 한국문학 발전상

〈저서 동화〉
꿈꾸는 화원. 별이 된 눈사람

동화 〈별이 된 눈사람〉

고 점 하나가 / 주야옥

톡! 고 점 하나가
땅을 콕콕 두드리면
새싹이 쏙쏙
꽃잎이 활짝!

톡! 고 점 하나가
종이에 쿵 떨어지면
가갸거겨, 글자가 춤추고
문장이 깔깔, 웃으며 달려요

톡! 고 점 하나가
하하호호 웃음을 부르고
반짝반짝 눈빛도 피어나요

콕! 고 점 하나
세모네모 마음속에 풍당 빠지면
상상 나무가 팔랑팔랑 춤추고
예쁜 말 열매가 방긋방긋 웃어요.

엄마는 별빛 타고 오시나요 / 주야옥

뒷동산 풀밭에
팔베개하고 누우면
살랑살랑 바람 사이로
방긋 웃는 개망초 노래가 들려와요

실개천 송사리 떼는
첨벙첨벙 햇살을 따라 놀고
풀잎 그림자 따라 하루 종일 뛰놀아도
기다리고 또 기다린
구름 동산 가신 엄마는 보이지 않아요

초록 들판 끝까지
자박자박 걸어가
보랏빛 자운영 꽃잎
한잎 두잎 따서
꽃목걸이 만들어 목에 걸고 놀아도
구름 나라 가신 엄마는 아직 오지 않아요

밤하늘 별들이
하나둘 피어나고
달님도 살며시 웃고 있는데
엄마의 발걸음 소리는 들리지 않아요

가만가만 풀잎에
귀를 대보면
엄마 목소리가
바람결 따라 살짝 스쳐와요

눈을 꼭 감고
가슴에 손을 얹으면
엄마 품처럼 따스한
풀밭 이불이 나를 꼭 안아주어요.

노래를 굴리는 아이들 / 주야옥

구불구불 오솔길 따라
아이들이 여름을 굴려요

굴렁굴렁 굴렁쇠처럼
맴맴맴 매미 소리도
총총총 반딧불이 눈빛도
노래 따라 데굴데굴 따라오지요

아이들 손엔 웃음이 한 줌
발끝엔 초록빛 꿈이 방울져
숲길 따라 굴리고 굴려
여름을 싱그럽게 펼쳐요

햇살이 팔랑거린
굴참나무 가지 아래에서는
바람이 킥킥, 간지럼을 태우고
나비는 날개로 상큼한 아침을
접어 접어 하늘로 띄워요

굴렁굴렁 재잘재잘
아이들 하루는
반짝이는 여름처럼
싱글벙글 웃으며
노래처럼 굴러갑니다.

공부해요, 사랑하듯 / 주야옥

조금 늦어도 괜찮아
천천히 내 걸음으로 가요
세상은 배운 만큼
조금씩 빛나기 시작해요

남을 탓한 그 시간에도
나는 멈춰 서 있었죠
이제는 나를 위해
한 걸음, 다시 내딛어요

흘린 눈물 속에도
숨겨진 마음이 있어요
아픈 만큼, 힘겨웠던 만큼
나는 더 단단해질 테니까

공부해요, 나를 위해
아는 만큼 세상이 열려요
오늘보다 더 나은 내가 될 테니

공부해요, 사랑처럼
마음을 열고 세상을 품어요
지혜로 피어나는 삶
우린 모두 그렇게 빛나요

작은 배움 하나가
세상을 바꿀 테니까요.

너의 이름 하나로 / 주야옥

빈 하늘이 손짓할 때면
불러도 대답 없는 너를
잡으려, 잡으려
애타게 불러보아요

텅 빈 마음 한켠에
너의 이름이 스며들면
울컥하던 눈물 삼키며
그대로 잠이 들어버려요

세상이 날 버려도
너의 이름 하나 품으면
나는 다시
아주 조금씩 따뜻해지니까요!

살아야 할 이유를
스스로 찾지 못할 때도
너는 언제나
별빛처럼 내 곁에 머물러 있었죠

무너질 듯한 나를
말없이 감싸주던
그 한마디 너의 이름

정말 다행이에요
내가 부를 수 있는 그 이름이
바로, 너라서.

시인 최윤서

목차
1. 우주의 반란
2. 천사가 사는 곳
3. 남의 편
4. 환희찬 곳으로
5. 어른 같은 아이

경남 거제 거주
대한문학세계 시 부문 등단
(사)창작문학예술인협의회 정회원
대한문인협회 경남지회 사무국장
2018년 문예창작지도자 자격 취득
한국문학 향토 문학상 수상
대한창작문예대학 졸업 작품 동상
한국문학 올해의 시인상 수상
한국문학 발전상
순우리말 詩 짓기 전국 공모전 동상
짧은 시 짓기 전국 공모전 동상

(공저)
2020 유화로 보는 명인명시선
명인명시 특선시인선 외 다수

공저 <2025 명인명시 특선시인선>

우주의 반란 / 최윤서

자연을 파괴한
죄와 벌

무지한 자의
몰상식과 무자비에
붕괴한 지구의 별

지쳐가는 사람도
입을 가린 채
살가운 만남이 멀어진다

이기적인 행동이
불행의 근원인 줄 모른 채
불신의 골이 깊어가는 대우주

바다는 말이 없고
구름도 말이 없다
자연이 사람을 밀어낼 뿐

자연과의 공존
존중과 배려의
자유로운 세상을 꿈꾼다.

천사가 사는 곳 / 최윤서

머물고 싶은 곳

행복이 가득한
동심이 살아 숨 쉰다

궁궐 같은 화려한 성
아름다운 꽃과 나비에
신비로운 분위기

포근한 미소와
밝고 안락한
평화로움이 반겨주던 곳

먼 훗날
이곳을 다시 가기 위해
선하고 바르게
도움을 주는 삶을 추구합니다

남의 편 / 최윤서

남의 얘기는 경청
한 사람 얘기는 딴청

남에게는 화사한 웃음
한 사람에게는 무덤덤

남에게는 배려와 공감
한 사람에게는 이기심 충만

남에게는 맞춰진 시간
한 사람에게는 바쁜 시간들

행복했던 추억에
가슴이 오열하면
가려진 두 눈에
묶인 발걸음
절벽 끝이 서럽다

간절히 원했다
단 한 사람의 내 편을

환희찬 곳으로 / 최윤서

눈을 떠도
눈을 뜬 걸까
살아 있어도
살아 있는 걸까

얼마나
답답하고
막막했을까

10년의 세월을
굳어진 몸으로 누워
혼자라는 외로움을 감당하고

고통에 잠식당한
뼈마디가 앙상한 야윈 몸과
낮게 깔린 병실의
숨이 막히는 암울한 공기

침묵을 깬
평안의 세상에서
못다 이룬
꿈과 사랑을 이루시라

기원하고
기원합니다
건강과 사랑이 충만한
새 생명의 탄생을

어른 같은 아이 / 최윤서

깊은 사랑에
강한 책임감

뚜렷한 주관이
짊어진 삶의 무게에
혹독한 한파가
온몸을 파고든다

어른 같은 아이의
눈물겨운 하루하루

쓰디쓴 현실도
행복으로 여기는
가족이란 버팀목이 있다

詩 함축적 의미 목소리에 담다
- 시 소리로 삶을 치유하다 -
박영애 시낭송 모음 14집

2025년 9월 30일 초판 1쇄
2025년 10월 2일 발행
지 은 이 : 강개준 강사랑 김락호 김보승 김이진 김인숙
　　　　　김정섭 김종태 김혜정 김희영 박영애 박익환
　　　　　박희홍 백승운 서석노 송태봉 염경희 윤만주
　　　　　이정원 이환규 전경자 전남혁 정기성 정병윤
　　　　　정상화 정승용 정연석 정찬경 주야옥 최윤서
엮 은 이 : 박영애
디자인 편집 : 이은희
기 획 : 시사랑음악사랑
연 락 처 : 1899-1341
홈페이지 주소 : www.poemmusic.net
E-Mail : poemarts@hanmail.net

정가 : 15,000원
ISBN : 979-11-6284-614-8

저작권자와 맺은 특약에 따라 검인은 생략합니다.
잘못된 책은 교환해 드립니다.